KB039956

주식시장의 17가지 미신

THE LITTLE BOOK
OF

# MARKET
# MYTH$

KEN FISHER

# 주식시장의 17가지 미신

왜 대다수의 투자자는 시장에서 돈을 잃는가

**켄 피셔**, 라라 호프만스 지음

이건 옮김 | 박성진 감수

page2

# 독립적으로 사고하는 힘이
# 건전한 투자의 시작

세계 최고의 투자자인 워런 버핏은 본인을 85%의 벤저민 그레이엄과 15%의 필립 피셔라고 말합니다. 저자인 켄 피셔는 필립 피셔의 셋째 아들로 태어나 대학을 마치고 아버지의 투자회사에서 일을 시작합니다. 그리고 서른 살에 자신의 회사를 설립해 현재 100조 원이 넘는 자산을 운용하는 거대한 투자회사로 키워낸 실전 투자자이자 사업가입니다. 자신도《포브스》400 명단에 이름이 오른 수조 원의 자산을 가진 부자이기도 합니다.

그는 또한 1984년부터 2017년까지 무려 34년 동안 포브스 잡지에 포트폴리오 전략 칼럼을 기고하고 11권의 책을 쓴 뛰어난 이론가이자 저술가이기도 합니다. 피셔는 많은 책에서 주식시장을 '모욕의 대가(The Great Humiliator)'라고 부릅니다. 경기가 최악인 시점에 강세장을 시작하여 사람들이 강세장의 시작을 믿지 않게 만들고, 강세장 정점에서는 반등세를 이어가며 사람들이 안전하다고 착각하게 만듭니다. 엄청난 수익을 안겨주며 사람들을 흥분시키고 자신의 능력을 과신하게 만들었다가, 순식간에 다시 빼앗아가 사람들을 비탄에 빠뜨리며 끊임없이 조롱하는 모욕의 대가입니다. 피셔는 다른 책에서 주식시장은 모든 수단을 동원하여 투자자가 가진 최후의 한 푼까지 빼앗으려고 하는 위험한 야수와 같다고 말합니다. 너무 많이 조롱당하지 않는 것이 그나마 우리 투자자가 할 수 있는 최선이라고 말합니다.

많은 사람들이 투자를 수익률 게임이라고 생각합니다. 남들보다 더 높은 수익률을 올리는 것이 투자 성공에 필수적이라고 생각합니다. 하지만 최고의 수익률은 가장 큰 리스크를 감당한 사람이 차지할 가능성이 높습니다. 리스크는 눈에 보이지 않아 자신이 얼마나 큰 리스크를 짊어졌는지 사후적으로도 알 수 없습니다. 수익률 게임을 잘하는 사람들이 2~3년 혹은 그 이상 중단기적으로는 승자처럼 보이지만 이는 모욕의 대가인 주식시장을 충분히 겪어보지 못한 잘못된 판단입니다. 시간 지평을 10~20년으로 더 길게 늘려보면 투자는 결국 리스크 관리가 핵심이라는 것을 깨닫게 될 것입니다.

사람들은 주식시장으로부터 큰 모욕을 당하기 전에는 운을 실력으로 착각합니다. 하지만 시간이 흐르면 운은 사라지고 실력만 남습니다. 적절한 수익을 차곡차곡 쌓아가며 복리의 마법이 가져다주는 놀라운 효과를 누리는 것이 실력의 결과입니다. 그러기 위해서는 시장에서 살아남아야 하고 리스크 관리가 중요합니다. 투자의 핵심은 수익률 게임이 아니라 리스크 관리입니다. 그래서 피셔는 성공 투자의 3분의 2는 실수를 피하는 것이고, 3분의 1은 옳은 선택을 하는 것이라고 말합니다.

피셔는 다양한 내용의 책을 집필했는데 그중 상당수의 책이 사람들이 널리 믿는 시장과 경제에 관한 미신을 다루고 있습니다. 이런 미신들 때문에 사람들이 세상을 오해하고 투자에 실수를 저지른다고 생각하기 때문입니다. 잘못된 미신을 깨닫고 실수만 줄이더라도 모욕의 대가로부터 조롱받는 상황을 많이 피할 수 있습니다. 피셔의 책이 흥미로운 이유는 우리가 상식이라고 생각하는 많은 것들에 질문을 던지고 그 통념을 산산이 깨뜨리기 때문입니다.

이 책에서도 피셔는 대부분의 일반인들이 상식이라고 생각하는 많은 것들에 질문을 던집니다. GDP 성장률을 훨씬 넘어 주식시장이 상승하면 GDP와 주가의 괴리 때문에 주식시장은 폭락할 수밖에 없는가? 높은 실업률은 정말 주식시장에 안 좋을까? 손절매가 정말 손실을 막아주는가? 고배당주 투자는 안정적인 현금 흐름을 제공해주는가? 소형 가치주 투자가 항상 우월한 투자 방법인가? 원금 보장에 집착하며 변동성을 회피하려는 노력이 장기적으로 더 큰 손실을 초래하는 건 아닐까?

피셔가 던지는 흥미로운 질문과 대답을 읽다 보면 사람들이 주식시장을 완전히 잘못된 시각으로 바라보고 있다는 걸 깨닫게 됩니다. 하지만 이 책에서 피셔가 던지는 질문과 대답을 그대로 받아들이는 것은 피셔가 말하는 핵심을 놓치는 것입니다. 피셔의 질문과 대답이 지금도 여전히 옳은지, 한국 시장에서도 여전히 옳은지, 피셔가 질문하지 않고 있지만 더 중요한 것들은 없는지 스스로 생각해보는 것이 중요합니다.

피셔의 조언처럼 안다고 생각하는 모든 사안에 대해서 우리는 항상 질문을 던져야 합니다. 스스로 독립적으로 사고하는 힘이 건전한 투자의 시작입니다. 이건 선생님의 훌륭한 번역으로 다시 출간된 피셔의 책을 읽고 생각하는 것은 그 시작으로 손색이 없습니다.

박성진(이언투자자문 대표)

# 안전은 안전하지 않고,
# 위험은 위험하지 않다

케네스 피셔는 대단한 사람입니다. 워런 버핏의 스승인 필립 피셔의 아들로 널리 알려져 있지만, '누군가의 아들'이라는 수식어를 뛰어넘은 지 한참이 지났습니다. 1979년 창업한 '피셔 인베스트먼트'는 2019년 12월 기준 1,000억 달러를 운용하고 있으며, 장기간 'MSCI World'를 뛰어넘는 성과를 보였습니다. 개인 재산은 2020년 1월 기준 43억달러로 포브스 선정 400대 미국 부자의 반열에 올랐습니다.

세상에는 투자로 대단한 부를 쌓은 사람이 많고, 투자와 관련된 대중 강연을 하는 사람도 많지만, 이 둘을 동시에 하는 사람은 드뭅니다. 검증된 좋은 성과를 거두었으면서 자신의 노하우를 대중에게 전달하고자 노력하는 펀드 매니저는 아주 희귀합니다. 우리에게 잘 알려진 '피터 린치'가 대표적인 케이스이며, 그 외에 존 네프, 랠프 웨인저Ralph wanger, 존 템플턴, 사와카미 아쓰토 등 손에 꼽을 정도입니다. 워런 버핏조차 직접 쓴 책은 한 권도 없습니다.

켄 피셔는 1984년『슈퍼 스톡스』를 시작으로 2015년『켄 피셔, 역발상 주식투자』까지 32년간 11권의 책을 저술했습니다. 본인도 인정했다시피 겹치는 내용들이 상당히 많지만, 그만큼 중요한 내용들로 가득 차 있습니다.

켄 피셔 책의 정수는『3개의 질문으로 주식시장을 이기다』라고 볼 수 있습니다. 우리가 어떻게 시장에 속을 수밖에 없는지, 시장에 속지 않기 위해서는 어떻게 해야 하는지 위트 있고 친절하게 설명해줍니다. 저의 책『주식하는 마음』에서 '진화를 탓하세요, 당신 잘못이 아닙니다'라는 챕터 제목은 이 책에 대한 헌정사이기도 합니다.

켄 피셔의 글은 (약간의 잘난 척만 웃어넘길 수 있다면) 쉽고 재밌게 읽을 수 있습니다. 그러나 시간이 부족하거나 배경지식이 약한 투자자들에게는 마냥 웃을 수만은 없는 진지한 내용이기도 합니다. 저는 즐거운 마음으로『3개의 질문으로 주식시장을 이기다』를 여러 분들께 추천했지만, 의외로 '읽기 어렵다'는 반응이 많아서 아쉬웠습니다.

이번에 새로 번역해 출간된 『주식시장의 17가지 미신』은 켄 피셔가 투자자들에게 전하고자 하는 핵심 메시지들을 담고 있으면서도 '쉽게 읽기'에 초점이 맞춰진 책입니다. 채권, 예금, 배당주, 마켓 타이밍, 실업률, GDP, 부채한도, 변동성과 수익률 등 투자를 하면서 흔히 접하는 여러 개념들의 통념을 시원하게 뒤집어줍니다.

가볍게 접할 수 있지만 절대로 쉽게 읽어 넘길 내용들은 아닙니다. 켄 피셔는 행동경제학을 연구한 학자이기도 합니다. 저자의 메시지 이면에는 근시안적 손실 회피, 인과에 대한 착각, 확증 편향 등 행동경제학의 핵심 개념들이 녹아 있습니다. 이 개념들을 깊이 고민해보지 않으면 우리는 흔히들 진실이라 믿고 있는 거짓 통념에 따라 의사결정을 진행하고 큰 상처를 입게 됩니다.

켄 피셔의 투자법은 통념을 데이터로 검증하고, 사람들의 실수를 나의 기회로 활용하는 것입니다. 안전은 생각보다 안전하지 않고, 위험(변동성)은 생각보다 위험하지 않습니다. 남들이 옳다고 믿고 있는 사실이 실제로는 사실이 아니라는 사실을 아는 것만으로도 우리는 시장을 이길 수 있는 강력한 무기를 지닌 것입니다.

2020년에 불거진 코로나19 사태를 맞이해서도 그의 메시지는 강력한 교훈을 줍니다. 부록에서 상세히 언급하고 있지만, '피셔 인베스트먼트'는 2020년 3월 중순, "지금은 약세장이 아니라 조정장이며, 사야 할 때"라고 외쳤습니다. 과거의 패턴, 시장의 심리, 투자자들의 적응력 등에 기반한 그 논리는 명확했으며, 단기적으로 주가는 더 하락했지만 잠깐의 시간이 지나자 결국 그 주장이 옳았음이 드러났습니다.

실업률, 부채한도, 환율 등은 바로 지금 시점에도 많은 논란을 낳고 있습니다. 이 주제들에 대해서 아주 실전적인 지혜를 던져주는 책이 바로 『주식시장의 17가지 미신』입니다. 저의 책에서도 줄곧 언급했다시피, 다른 투자자와의 생각의 차이를 발견하는 일은 투자의 성패를 가르는 핵심 요소입니다. 이 책에서 논하는 명제들은 하워드 막스가 강조하는 '2차적 사고'의 살아 있는 사례들이자, 생존을 좌우할 정도로 중요합니다.

『3개의 질문으로 주식시장을 이기다』가 어렵게 느껴지는 당신, 투자를 시작했지만 누군가에게 속고 있는 것이 아닌가 걱정되는 당신에게 반드시 일독을 권합니다. 당신이 지금까지 알고 있던 진실은 진실이 아닙니다. 진실을 가장한 독약입니다. 이제 해독제를 마주해봅시다.

홍진채(라쿤자산운용 대표, 『주식하는 마음』 저자)

──────── 시장은 늘 새로운 외피를 쓰고 나타나지만, 비슷하게 반복되는 패턴이 있기도 하다. 성공한 투자자가 되기 위해서는 각각의 특수함 속에서 보편적 질서를 찾아내는 게 중요한데, 어떤 때는 허위나 거짓이 보편성이라는 이름으로 투자자들을 현혹하기도 한다. 켄 피셔는 투자의 세계에서 상식으로 흔히 받아들여지는 편견들을 통렬히 논파한다. 그가 쓴 대부분의 책들이 그렇듯이 이 책도 술술 읽힌다. 투자 대가의 이야기를 지적인 번역자의 정치된 글로 읽는 재미는 덤이다.

김학균(신영증권 리서치센터장)


──────── 저자는 우리가 흔히 '상식'이라고 알고 있는 금융시장의 현상에 대해 '미신'으로 표현할 만큼 통렬하게 다른 시각을 제시한다. 객관적 데이터에 근거하고 있다는 점이 더욱 놀랍다. 이 책을 읽고 난 이후부터 여러분은 스스로에게 질문을 던지기 시작할 것이다. '내가 그동안 생각하고 있던 사실이 맞나?' 이 순간 이미 경쟁력 있는 투자는 시작된 것이다.

이경수(메리츠증권 리서치센터장)


──────── 똑같은 현상을 보고도 다른 해석이 가능하다는 것은 과거 데이터를 직접 분석해보는 투자자에게는 기회를, 고정관념에 사로잡힌 투자자에게는 값비싼 실수를 의미한다. 이 책에 소개된 주식시장의 17가지 미신들 자체도 보석 같은 깨우침이지만 무엇보

다 이 책을 통해 올바르게 사고하는 방법을 배울 수 있다는 점에서 더욱 소중하다.

정채진(전업투자자)

──────── 2021년 1월, 켄 피셔가 8년 전에 얘기한 것이 정말 귀신같이 들어맞았다. 그가 언급했던 투자의 미신들이 지금도 여전히 적용되는지를 다양하게 살펴보았는데, 10여 년이 지났음에도 불구하고 그가 얘기했던 것들이 여전히 옳았음을 알 수 있었다. 그가 전달하는 지혜가 향후 주식시장을 헤쳐 나가는 데도 큰 도움이 될 거라 생각한다. 주식시장은 우리의 생각처럼 돌아가지 않는다. 어떤 현상이 시장에 무조건 반영될 것이라 생각하기보다는 과거의 비슷한 순간에 어떻게 가격이 변화했는지를 참고하고 보는 습관이 반드시 필요하다. 언제나 질문을 던지고 데이터를 통해 실제로 확인하는 절차를 가져야 한다. 그래야 험난한 투자의 세계에서 살아남을 수 있다.

김동주(김단테 / 이루다투자일임 대표, 『절대수익 투자법칙』 저자)

──────── 투자자들에게 도움이 절실히 필요한 이 시점에, 켄 피셔는 재산을 갉아먹는 수많은 미신을 타파함으로써 지극히 값진 서비스를 해주었다.

스티브 포브스(《포브스 미디어》 회장 겸 편집장)

———

# 대가가 친절하게 가르쳐주는
# 물고기 잡는 법

내가 투자 서적을 고르는 주요 기준은 '저자'다. 먼저 실력을 입증한 저자가 쓴 책인지를 본다. 그러나 안타깝게도, 실력을 입증한 저자를 찾기가 쉽지 않다. 실제로 투자해서 돈을 번 사람인지, 벌었다면 그것이 운이 아니라 실력이었는지를 생각해본다. 그러나 저자 중에 그 근거를 설득력 있게 제시하는 사람은 많지 않다.

이 조건을 생각할 때 가장 먼저 떠오르는 사람은 워런 버핏 Warren Buffett이다. 이론의 여지가 거의 없는 듯하다. 그러나 '책 제목'에 워런 버핏이 들어간 책들은 오히려 경계해야 한다. 워런 버핏이 직접 쓴 책은 없기 때문이다. 워런 버핏의 사상을 온전히 담은 글은 아마도 「버크셔 해서웨이 연차보고서」에 실린 '주주 서한' 정도일 것이다.

두 번째로 떠오르는 사람이 바로 켄 피셔다. 그는 실력을 설득력 있게 입증할 뿐 아니라, 고맙게도 훌륭한 저서를 많이 내주고 있다. 게다가 글솜씨까지 탁월하다. 장기간 투자 실력을 입증한 사람은 극소수에 불과하다. 글솜씨가 탁월한 사람도 매우 드물다. 그런데 이 둘을 겸비한 피셔를 보면, 세상이 불공평하다는 생각마저 든다. 나는 그의 저서 『슈퍼 스톡스』와 『시장을 뒤흔든 100명의 거인들』을 번역하면서 켄 피셔에게 매료되었다. 이 책 역시 나를 실망시키지 않았다. 나의 고정관념을 여지없이 깨뜨려주었고, 세상을 새로운 관점에서 보게 해주었다. 물고기를 주는 책이 아니라, 물고기 잡는 법을 가르쳐주는 책이다. 그것도 매우 유쾌하면서도 재미있게, 그리고 간결하게! 이 책이 아마도 켄 피셔가 쓴 책 중 가장 짧은 책일 것이다.

이건

자신에게 질문을 던지기는 쉽지 않다.

이는 세상에서 가장 어려운 일에 속한다. 사람들은 자신에게 질문 던지기를 좋아하지 않는다. 질문을 던져서 자신의 잘못을 발견하면, 수치심과 고통을 느끼기 때문이다. 인류는 온갖 불합리한 방법을 동원해서라도 수치심과 고통을 피하는 방향으로 수천 년에 걸쳐 진화하였다.

인류의 먼 조상은 이런 본능 덕분에 야수의 공격을 피하거나 긴 겨울에도 굶주림을 모면할 수 있었을 것이다. 그러나 현대인들에게는 이런 본능이 걸림돌이 되기 쉽다. 자본시장은 흔히 우리 직관을 거스르기 때문이다.

성공 투자의 3분의 2는 실수를 피하는 것이고, 3분의 1은 옳은 선택을 하는 것이라고 나는 자주 말한다. 실수만 피할 수 있어도 실패율을 낮출 수 있으며, 실적을 개선할 수 있다. 실수도 피하면서 종종 올바른 선택을 한다면, 대부분 투자자보다 좋은 실적을 낼 것이며, 대부분 전문가조차 능가할 것이다.

당신은 실수를 피하기가 쉽다고 생각할지도 모른다. 실수만 하지 않으면 되니까 말이다! 그러나 알면서도 실수를 저지르는 사람이 어디 있겠는가? 실수인지 알면서도 실수하는 투자자는 없다. 그것이 똑똑한 결정이라고 생각하기 때문에 실수를 저지르는 것이다. 그것은 자신이 수없이 내렸던 결정이고, 똑똑한 사람들이 내렸던 결정이다. 이들은 자신에게 질문을 던지지 않기 때문에 그 결정이 옳다고 생각한다.

그런데 '모두가 아는 일'이거나 '상식'이라면 질문을 던질 필요가 있을까? 또는 나보다 똑똑한 누군가에게서 배운 일이라면?

시간 낭비가 아니겠는가?

그렇지 않다. 우리는 안다고 생각하는 모든 사안에 대해서도 항상 질문을 던져야 한다. 그것도 한 번이 아니라, 결정을 할 때마다 질문을 던져야 한다. 이는 어려운 일이 아니다. 기능상 어려운 일이 아니라는 말이다. 하지만 심리나 본능 면에서는 어려운 일이다. 그러면 최악의 상황은 무엇일까? 자신에게 질문을 던졌을 때 자신의 생각이 옳은 것으로 밝혀진다면 즐거운 일이다. 아무런 피해도 없고, 수치심을 느낄 필요도 없다!

이번에는 자신의 생각이 틀린 것으로 밝혀졌다고 생각해보자. 나뿐 아니라 수많은 사람의 생각이 잘못으로 드러났다고 생각해보자. 이는 미신을 깨달은 것이다. 전에 옳다고 생각했던 것이 미신임을 깨달으면, 이제는 실수를 저질러 막대한 손실을 보지 않아도 된다. 이는 수치가 아니라 오히려 멋진 일이며, 이익도 볼 수 있다.

게다가 한 번 자신에게 질문을 던지기 시작하면, 갈수록 질문 던지기가 더 쉬워진다. 이것이 불가능해 보이는가? 쉽다면 모두 하지 않겠는가? (정답: 그렇지 않다. 대부분의 사람은 쉬운 길을 선호하므로, 절대 수치심을 무릅쓰고 질문을 던지는 법이 없다.) 그러나 당신은 모든 일에 질문을 던질 수 있고, 던져야 한다. 먼저 신문에서 읽거나 TV에서 듣고 고개를 끄덕였던 사안부터 질문을 던져라. 고개를 끄덕였다면 십중팔구 제대로 조사해보지 않았기 때문이다.

실업률 증가는 악재라서 주가가 하락한다고 거의 모든 사람이 믿는 것처럼 말이다. 그 반대로 말하는 사람, 즉 실업률이 증가해도 앞으로 경제가 더 나빠지지 않는다고 말하는 사람을 나는 본 적이 없다. 그러나 12장에서 설명하겠지만, 실업률은 대개 후행 지표라서 미래 경제나 시장의 방향을 알려주지 않는다. 게다가 놀랍게도 오히려 실업률이 가장 낮은 시점에 경기침체가 시작된다. 이는 데이터로도 입증되며, CEO처럼 생각하기 시작하면 그 원리를 상식적으로도 이해할 수 있다. 미신을 타파하는 데이터는 공개되어 있으므로 아주 쉽게 수집할 수 있다. 이런 데이터는 어디에서나 구하기도 쉽고, 분석하기도 쉽다는 말이다. 그러나 질문을 던지는 사람이 드문 탓에, 이런 미신이 오래도록 이어진다.

이 책에서는 사람들이 널리 믿는 시장과 경제에 관한 미신을 다룬다. 이런 미신들 때문에 사람들은 세상을 오해하게 되며, 투자에 실수를 저지르게 된다. 이 밖에도 이와 비슷한 미신이 많다. 미국의 부채가 과도하다거나, 나이에 따라 자산배분을 해야 한다거나, 고배당주를 사면 노후에 안정적인 소득을 얻을 수 있다거나, 손절매가 실제로 손실을 막아준다는 생각 등이다. 이런 미신에 대해서는 내가 전에 쓴 여러 책에서도 다루었지만, 이 책에서는 가장 터무니없는 미신들을 모아 다른 각도에서 바라보거나 새로운 데이터로 분석하였다.

내가 전에 이런 미신들을 다룬 것은 잘못된 생각을 확고하게 믿는 사람들이 대단히 많았기 때문이다. 그러나 이 책에서 다시 설명하더라도 그러한 속설이 미신임을 깨닫는 사람은 많지 않을 것이다. 대부분 편한 길을 선택해서 미신을 그대로 믿을 것이다. 그래도 상관없다. 당신만 진실을 추구하여 경쟁력을 확보하면 된다. 다른 사람들처럼 미신에 의지하지 않고, 건전한 분석과 기본 이론을 바탕으로 실수를 피하면 된다.

이 책에서는 각 장(챕터)마다 미신 하나만 다룬다. 전체를 훑어본 다음, 모두 읽어도 좋고 흥미로운 주제만 읽어도 상관없다. 이 책을 어떤 방식으로 읽든, 세상을 더 명확하게 파악함으로써 실적 개선에 도움이 되리라 기대한다. 그리고 이 책으로부터 영감을 받아 당신 스스로 시장에서 더 많은 미신을 찾아내길 바란다.

각 장에는 몇 가지 공통점이 있다. 미신의 정체를 폭로하는 방법이 들어 있다. 내가 미신 타파에 즐겨 사용하는 전술은 다음과 같다.

• **그것이 진실인지 물어본다.** 가장 기본이 되는 첫 단계다. 이렇게 하지 못하면 다음 단계로 넘어갈 수 없다.

• **직관과 반대로 생각한다.** 모든 사람이 그렇게 생각한다면, 그 반대가 진실이 아닌지 물어본다.

• **과거 사실을 확인한다.** 모든 사람이 최근 A 사건이 악재라고 말할 수도 있다. 또는 B 사건이 발생하면 훨씬 나을 거라고

말할 수도 있다. 이런 말은 옳을 수도 있고, 그를 수도 있다. 과거 사례를 확인하면 A 사건이 실제로 악재인지, 호재인지 알수 있다. 이런 용도의 과거 데이터는 공짜로 얼마든지 구할 수있다!

- **간단하게 상관관계를 분석한다.** 모든 사람이 X가 Y의 원인이라고 믿는다면, 항상 그러한지, 가끔 그러한지, 전혀 그렇지 않은지 확인할 수 있다.

- **규모 조정.** 어떤 숫자가 터무니없이 커서 두려울 지경이라면, 적정 수준으로 축소하라. 그러면 두려움도 축소될 것이다.

- **세계의 관점으로 생각하라.** 미국인들은 흔히 미국만 홀로 존재하는 것처럼 생각한다. 그렇지 않다. 미국도 외국으로부터 큰영향을 받는다. 세계의 투자자들 역시 두려움도 비슷하고 동기도 비슷하다.

투자자들이 빠지는 미신은 수없이 많다. 이 책에서 모두 열거하기 어려울 정도다. 그러나 질문의 장점과 위력을 뼈저리게 실감한다면, 해로운 미신에 속는 사례가 감소할 것이며, 장기적으로 실적이 개선될 것이다. 이제부터 시작해보자.

# CONTENTS

일러두기
- 본문의 내용은 이 책이 처음 출간된 2013년을 기준으로 하고 있다.
- 국내 번역서가 있는 원서는 『주식시장은 어떻게 반복되는가*Markets Never Forget*』, 국내
  번역서가 없는 원서는 *Plan Your Prosperity*(풍요로운 은퇴를 계획하라)와 같이 표기했다.

THE LITTLE BOOK
OF
# MARKET
# MYTH$

## 1장

---

# 채권은 주식보다
# 안전하다?

---

"누구나 채권이 주식보다 안전하다고 생각한다."

이 말은 워낙 자주 들어본 탓에 조사할 가치도 없어 보일 것이다. 2008년의 기억이 아직 대부분 투자자에게 생생한 지금도 이런 질문은 무엄하게 느껴질 것이다(우리의 사고에는 별난 점이 또 있다. 주식은 2009년과 2010년에 대폭 상승했고, 2011년에 횡보한 다음 2012년에도 상승했다. 그런데도 우리 기억 속에는 5년 전의 손실이 이후 4년 동안의 높은 수익보다 훨씬 더 크게 자리 잡고 있다).

그러나 수많은 사람이 강하게 믿는 생각들도 완전히 빗나가기 일쑤이며, 과거의 사건에 대한 생각조차 흔히 빗나간다.

그러면 과연 채권이 주식보다 안전한지 따져보자.

먼저, 직관적으로는 꾸준한 채권이 끊임없이 요동치는 주식보다 안전해 보일지 모른다. 그러나 채권이 더 안전한지는 '안전'을 어떻게 정의하느냐에 따라 달라진다. 물론 엄밀한 정의는 없다. 해석의 여지가 많다는 뜻이다. 예를 들어 어떤 사람은 단기 기대변동성이 낮으면 안전하다고 생각한다. 또 어떤 사람은 단기 기대변동성이 높더라도, 장기 목표 달성 가능성이 증가하면 안전하다고 생각할 것이다.

## 채권도 변동이 심하다

사람들은 흔히 채권의 변동성이 낮다고 착각한다. 그렇지 않다. 채권 가격도 변동성이 심하다. 채권 가격은 금리와 반대 방향으로 움직인다. 금리가 상승하면 최근 발행된 채권은 가격이 하락한다. 반대로 금리가 하락하면 채권 가격이 상승한다. 연간 단위로 보면, 채권의 금리가 오르내림에 따라 채권 가격도 오르내린다. 유형에 따라 변동이 더 심한 채권도 있고, 덜 심한 채권도 있다. 그러나 해에 따라서는 채권의 수익률도 마이너스가 될 수 있으며, 미국 국채도 예외가 아니다.

[그림 1.1] **5년 기준 - 변동성**

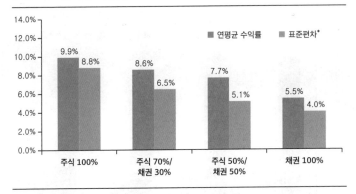

* 표준편차는 과거 수익률의 변동 수준을 나타낸다. 이 표준편차로 5년(연속한 60개월) 수익률
의 변동성을 측정하였다.
자료: 글로벌 파이낸셜 데이터Global Financial Data, Inc., 2012년 6월 22일 기준. 10년 만기 미
국 국채 지수(US 10-Year Government Bond Index), S&P500 투자총수익 지수(S&P 500 Total Return Index),
1925. 12. 31~2011. 12. 31의 5년 단위 평균 수익률[1]

　　단기적으로 보면 일반적으로 채권의 변동성은 주식보다 작다.

　　그러나 여기에는 중요한 유의사항이 있다. 1년이나 5년처럼
단기적으로 볼 때에만 채권의 변동성이 작다는 말이다. 채권은
기대수익률도 낮다. 투자 목적이 오로지 변동성을 피하는 것이
고 장기 수익률이 낮아도 좋다면, 아무 상관없다.

　　그림 1.1은 최근 5년의 연평균 수익률과 표준편차(변동성 척
도)를 보여준다. 주식과 채권을 다양한 비율로 조합하여 실적을
비교하였다(주식 100%, 주식 70%와 채권 30%, 주식 50%와 채권 50%, 채권
100%).

[그림 1.2] 20년 기준 - 변동성

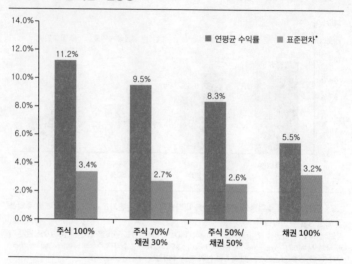

* 표준편차는 과거 수익률의 변동 수준을 나타낸다. 이 표준편차로 20년(연속한 240개월) 수익률의 변동성을 측정하였다.
자료: 글로벌 파이낸셜 데이터Global Financial Data, Inc., 2012년 6월 22일 기준. 10년 만기 미국 국채 지수(US 10-Year Government Bond Index), S&P500 투자총수익 지수(S&P 500 Total Return Index), 1925. 12. 31~2011. 12. 31의 20년 단위 평균 수익률[2]

주식 100%일 때 수익률이 가장 높다. 그리고 표준편차도 당연히 주식 100%일 때 가장 크다. 이는 주식의 변동성이 크다는 뜻이다. 조합에서 채권의 비중이 증가할수록 표준편차도 작아진다.

지금까지는 당신이 놀랄 만한 이야기를 꺼내지 않았다. 누구나 알고 있듯이, 주식이 채권보다 변동성이 크다.

**[그림 1.3] 30년 기준 - 변동성**

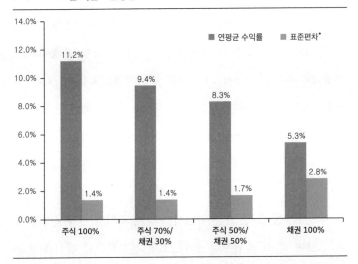

* 표준편차는 과거 수익률의 변동 수준을 나타낸다. 이 표준편차로 30년(연속한 360개월) 수익률의 변동성을 측정하였다.

자료: 글로벌 파이낸셜 데이터Global Financial Data, Inc., 2012년 6월 22일 기준. 10년 만기 미국 국채 지수(US 10-Year Government Bond Index), S&P500 투자총수익 지수(S&P 500 Total Return Index), 1925. 12. 31~2011. 12. 31의 30년 단위 평균 수익률[3]

## 주식이 채권보다 변동성이 작다고?

그런데 분석하는 단위 기간을 늘리면 이야기가 달라진다. 그림 1.2도 그림 1.1과 같은 자료이지만, 20년 단위로 분석했다는 점만 다르다. 주식 100%의 표준편차가 극적으로 감소하여 채권 100%의 표준편차와 거의 같아졌다. **과거 변동성은 비슷하지만 수**

익률은 여전히 주식이 높다.

분석 단위 기간을 30년으로 늘리면 이런 현상이 더욱 두드러 진다. 그림 1.3을 보라(30년이 터무니없이 긴 투자 지평이라고 생각한다면 2장을 보라. 투자자들은 흔히 투자 지평을 지나치게 짧게 설정한다. 투자 지평 30년은 이 책의 독자 대부분에게 불합리한 기간이 아니다). 30년 단위로 분석했을 때, 주식 100%의 평균 표준편차가 채권 100%의 표준편차보다 작았다. 주식은 변동성이 절반인데도 수익률이 훨씬 높았다!

일 단위, 월 단위, 연 단위에서는 대개 주식의 변동성이 엄청나게 크며, 흔히 채권보다 훨씬 크다. 심리적으로 이런 변동성을 참아내기는 쉽지 않다. 그러나 이런 단기 변동성에 놀라서는 안 된다. 금융 이론에서는 이를 당연한 현상으로 간주한다. 주식에 투자하여 장기적으로 채권보다 높은 수익을 얻으려면 단기적으로 더 높은 변동성을 감수해야 하기 때문이다. 주식의 연 단위 평균 변동성이 매우 낮다면 주식의 수익률도 채권처럼 낮을 것이다!

그러나 투자 기간이 길어지면, 월 단위와 연 단위로는 컸던 변동성이 더 안정적이고 일관된 모습으로 바뀌게 된다. 물론 변동성은 클 수도 작을 수도 있다. 아마도 자주 들어본 말이 아니겠지만, 과거 데이터 분석에 의하면 장기적으로는 주식의 변동성이 채권보다 작았다. 그러면서도 수익률은 주식이 더 높았다.

## 진화의 탓

그런데도 주식을 두려워하는 투자자가 그토록 많은 이유는
무엇일까? 답은 간단하다. 진화 때문이다.

투자할 때 이익에서 얻는 기쁨보다 손실에서 받는 고통이 두
배 이상 큰 것으로 밝혀졌다. 이는 노벨상을 받은 행동재무학
개념 **전망이론**prospect theory에서 하는 말이다. 바꿔 말하면, 인간의
두뇌는 안전 가능성보다 위험 가능성을 더 중요하게 인식한다
는 뜻이다.

우리의 먼 조상도 틀림없이 이런 반응을 보였을 것이다. 선
천적으로 늘 맹수의 습격을 더 두려워한 사람들이 그렇지 않은
사람들보다 생존 확률이 높았을 것이다(맹수에 대처하는 가장 좋은
방법은 맹수와 마주치지 않는 것이다). 다가오는 겨울을 몹시 두려워한
사람들은 대비를 더 잘해서 동사나 기아의 위험을 줄였을 것이
다. 따라서 이들은 조심성 있는 유전자를 더 많은 후손에게 물
려줄 수 있었다. 그러나 장래의 즐거움만을 생각하거나 동사의
위험을 인식하지 못한 사람들은 대를 이어가기가 어려웠다.

이후 인류의 역사가 진화의 관점에서는 눈 깜짝할 사이이므로, 그동안 두뇌의 기본적인 기능은 크게 바뀌지 않았다. 이런 이유 때문에 미국 투자자들이 투자손실 10%에서 느끼는 고통이 투자이익 25%에서 느끼는 기쁨만큼이나 큰 것이다(유럽 투자자들은 손실에서 받는 고통이 더 크다).

## 주식은 수익률이 플러스일 때가 마이너스일 때보다 훨씬 많다

이번에는 주식의 하락 위험에 대한 사람들의 착각을 알아보자. 표 1.1은 기간 단위별로 주식 수익률의 플러스 빈도와 마이너스 빈도를 보여준다. 일 단위로 보면 주식 수익률이 플러스일 확률은 동전 던지기 확률(50%)보다 약간 높은 정도다. 그리고 마이너스인 날은 잇달아 나오는 경향이 있다. 플러스인 날도 마찬가지다. 그러나 우리는 위험에 극도로 민감하므로, 잇달아 나오는 마이너스 실적을 실제보다 과장해서 인식한다.

행동재무학 관점에서 보면, 사람들은 단기적 사고를 벗어나기가 매우 어렵다. 그러나 분석 기간을 조금만 늘리면 플러스의 확률이 높아진다. 월 단위로 과거 주식 수익률을 보면, 역시 잇

**[표 1.1] 과거 주식 수익률의 플러스 빈도와 마이너스 빈도**

| | 기간의 수 | | | 기간의 비율 | |
|---|---|---|---|---|---|
| | 플러스 | 마이너스 | 계 | 플러스 | 마이너스 |
| **일 수익률*** | 11,526 | 10,224 | 21,750 | 53.0% | 47.0% |
| **월 수익률** | 640 | 391 | 1,031 | 62.1% | 37.9% |
| **분기 수익률** | 233 | 110 | 343 | 67.9% | 32.1% |
| **연(역년) 수익률** | 61 | 24 | 85 | 71.8% | 28.2% |
| **연(연속한 12개월)** | 747 | 273 | 1,020 | 73.2% | 26.8% |
| **5년(연속한 60개월) 수익률**** | 843 | 129 | 972 | 86.7% | 13.3% |
| **10년(연속한 120개월) 수익률**** | 858 | 54 | 912 | 94.1% | 5.9% |
| **20년(연속한 240개월) 수익률**** | 792 | 0 | 792 | 100.0% | 0.0% |
| **25년(연속한 300개월) 수익률**** | 732 | 0 | 732 | 100.0% | 0.0% |

* 일 수익률은 1928년 1월 1일부터 계산하였으며 가격 상승만을 측정하였다. 나머지는 모두 1926년 1월 31일부터 계산하였고, 투자총수익 기준임.
** 월 단위로 측정.
자료: 글로벌 파이낸셜 데이터Global Financial Data, Inc., 2012년 6월 22일 기준.
S&P500 투자총수익 지수(S&P 500 Total Return Index)는 1926. 1. 31~2011. 12. 31[4]

달아 나오기는 했어도 플러스 확률이 62%였다. 12개월 단위로 보면 플러스 확률은 73.2%가 된다. 그런데도 대중매체와 전문가들은 늘 주가 하락 위험에 대해 숨 가쁘게 떠들어댄다. 그러나 정작 두려워해야 하는 것은 주가 상승기를 놓치는 위험이다 (3장 참조). 하지만 우리 두뇌가 이런 위험은 잘 인식하지 못한다. 동굴에 살던 먼 조상의 두뇌와 크게 다르지 않기 때문이다.

과거 자료가 보여주는 바는 명확하다. 주식 수익률은 평균적으로 플러스가 마이너스보다 훨씬 많았다. 그리고 20년 이상 장기간에서는 변동성이 실제로 채권보다도 낮았다. 깊이 몸에 밴 습성과 사고방식을 극복하기는 쉽지 않겠지만, 극복할 수만 있다면 채권 대신 주식을 통해서 더 높은 장기 실적을 올릴 수 있다(물론 잘 분산된 포트폴리오를 보유해야 한다).

## 주식은 수익률이 플러스이며, 채권 수익률을 압도한다

그러나 '인지 진화'의 영향을 뿌리치지 못하여 '혹시라도'라는 생각에서 벗어나지 못하는 사람도 있다. 혹시라도 주식의 수익률이 앞으로는 마이너스로 바뀔까 걱정한다는 말이다. 그러면 실제로 확률을 확인해보자.

투자는 확실성이 아니라 확률을 다루는 게임이다. 투자 분야에 확실한 것은 존재하지 않는다. 심지어 미국 국채에 투자해도 해에 따라서는 손실을 볼 수 있다. 우리는 과거 실적, 경제의 펀더멘털, 현재 상황을 바탕으로 합리적으로 확률을 계산하는 수밖에 없다.

시간 지평이 길다면, 주식의 실적이 채권을 능가할 가능성이 크다. 1926년(세계 주식시장을 대표할 정도로 신뢰도 높은 미국 데이터가 나오기 시작한 해) 이후 20년 기간 단위(연속하는 240개월)가 67개 있었다. 주식이 채권을 누른 기간이 67개 중 65개(97%)였다. 20년 평균 수익률이 주식은 881%이고 채권은 247%여서, 그 차이가 3.6 대 1이었다.[5] 엄청난 차이다! 채권이 주식을 능가한 기간의 수익률을 보면, 채권은 262%이고 주식은 243%여서 그 차이가 1.1대 1에 불과했으며, 주식의 수익률은 여전히 플러스였다.[6]

라스베이거스 카지노에서는 확률이 낮아질수록 배당률이 높아진다. 그러나 주식과 채권은 그 반대다(그래서 투자를 도박에 비유하는 것은 터무니없는 착각이다). 30년 단위(연속하는 360개월)로 보았을 때, 채권은 단 한 번도 주식을 이기지 못하였다. 평균 수익률이 주식은 2,428%이고 채권은 550%여서, 그 차이가 4.5 대 1이었다.[7]

물론 단기적으로는 채권의 평균 변동성이 주식보다 훨씬 작다. 이를 두고 "안전하다"고 말하는 사람이 있다. 그러나 투자의 목적이 장기적으로 높은 수익을 올려 목표 달성 확률을 높이는 것이라면, '단기적으로 작은 변동성'은 안전의 기준으로 적합하지 않다. 20년이나 30년 동안 포트폴리오의 수익률이 높지 않아서 목표를 달성할 수 없다면, 그때에는 안전하다는 생각이 들지 않을 것이다. 게다가 이렇게 긴 기간이라면, 오히려 주식의 변동성이 채권보다도 작다.

## 주식의 진화

과거 데이터를 보면 장기적으로 주식의 수익률이 더 높은 것으로 드러난다. 주식의 장기 수익률이 앞으로도 더 높을 것으로 볼 만한 다른 이유가 있다. 주식은 진화하기 때문이다. 주식은 기업에 대한 소유권의 일부다. 모든 주식을 합쳐서 생각해본다면, 주식은 기업계의 집단지성이다. 주식은 장래에 기술을 발전시키고, 이런 혁신으로부터 이익을 내겠다는 약속이다.

기업은 환경에 순응하고, 따라서 주식도 환경에 순응한다. 일부 기업은 생존하지 못하고 파산한다. 그러나 더 효율적이고 더 나은 새 기업이 그 자리를 채운다. 이것이 창조적 파괴이며, 사회를 발전시키는 강력한 원동력이다.

기업들은 항상 미래 이익을 추구한다. (에너지, 식량, 물, 질병 등) 어떤 문제가 앞을 가로막아도, 누군가 과거 혁신을 바탕으로 새로운 방법을 찾아내 문제를 없애거나 완화한다. 그것을 어찌 아는가? 지금까지 항상 그렇게 진행되었기 때문이다.

1798년 토머스 맬서스Thomas Malthus는 식량 생산이 곧 정점에 이를 것으로 예측했다. 그는 10억 명이 훨씬 넘는 세계 인구를 먹여 살릴 만큼 식량을 생산할 방법은 절대 없다고 생각했다. 그는 식량 생산 기술의 '무한 발전' 개념을 단호히 거부하였다.

이제는 세계 인구가 60억 명을 넘어가지만, 선진국 대부분이 직면한 더 심각한 문제는 비만이다. 물론 일부 신흥국은 여전히 기아에 시달리고 있다. 그러나 기아는 대부분 잘못된 통치에서 비롯되는 문제다. 세계에는 식량이 남아돈다. 부패한 정부와 부실한 인프라 아래서 억압받는 국민에게도 식량이 돌아가려면 자유와 민주주의가 더 발전해야 한다.

끔찍한 장기 예측들은 번번이 빗나갔다. 미래 혁신과 이윤 동기의 위력을 무시하는 등 가정이 부실했기 때문이다. 빗나간 예측 중 내가 즐겨 인용하는 사례가 있다. 1894년 어떤 사람이 런던의 인구 증가와 산업 수요 때문에 말에 대한 수요가 급증하여, 1950년이 되면 런던 전역에 말똥이 약 3미터나 쌓일 것으로 예측했다![8]

이후 내연기관이 등장하여 말이 끄는 운송 수단은 진기한 유물이 되었지만, 이런 변화를 당시 그가 무슨 수로 예측할 수 있었겠는가? 그렇더라도 그는 이윤 동기가 이끌어내는 변화의 힘을 더 신뢰했어야 했다. 1968년 큰 인기를 끌었던 책 *Population Bomb*(인구 폭탄)은 1970년대에 기아로 수억 명이 죽을 것이라고 장담했다. 그러나 노먼 볼로그Norman Borlaug(노벨상을 받은 미국 농학자)가 개발한 '난쟁이 밀' 덕분에 기아는 발생하지 않았다.

피크오일Peak Oil(석유 생산이 정점에 이르는 시점) 신봉자들의 주장도 마찬가지로 빗나갈 것이다. 매우 합리적인 사람 중에도 석유 생산이 이미 정점을 지났다고 주장하는 사람이 많다. 그 시점이 1970년대라고 말한 사람도 있고, 1980년대와 1990년대로 꼽은 사람도 있으며, 더 최근이라고 주장한 사람도 있다. 어느 시점으로 둘러대더라도 상관없다. 나아가 피크오일을 초래한 당사자로 그 누구라도 지목해서 비난할 수 있다(미국의 경우 석유 생산을 강력하게 제한하는 환경보호국Environmental Protection Agency 탓을 할 수도 있다). 하지만 1970년대에 피크오일이 발생했다 하더라도, 이후 벌어진 일이 그렇게 끔찍한 일이었는가? 1980년 세계 GDP는 약 10.7조 달러였다. 지금은 약 71.3조 달러다.[9] 기대수명도 늘어났다. 여러 신흥국의 1인당 GDP도 치솟았다. 지금까지 큰 문제가 없었다. 물론 크든 작든 약세장과 경기 침체를 겪긴 했다. 그러나 장기간으로 보면 언제나 발생했던 일이다.

게다가 전반적으로나 평균적으로나 석유 소비는 계속 증가하기만 했는데도, 확인된 석유 매장량은 1980년보다 두 배나 늘어났다. 기술 진보 덕분에 석유와 천연가스를 더 발견했을 뿐아니라, 혁신적인 기법 덕분에 전에는 추출하지 못했던 지역에서도 이제는 석유를 추출하게 되었다.

피크오일 신봉자들은 석유 매장량이 생산과 아무 관계가 없다고 주장할 것이다. 그러나 이는 기본 경제 원리에 대한 오해다. 매장량이 있고 가격이 높아서 추출에 경제성이 있다면, 생산자들은 석유를 추출한다. 아니면 더 새로운 추출 기법을 개발할 것이다. 그것도 아니어서 정말로 추출에 경제성이 없다면, 인류의 역사를 돌아보건대 우리는 혁신을 통해서 에너지 효율을 높일 것이다. 또는 대체재를 찾아낼 것이다. 실제로 에너지가 고갈될 날은 아주 멀어서, 다음 해법을 찾아낼 시간은 충분하다. 이 말이 믿어지지 않는다면 런던을 보라. 말똥이 3미터 높이로 쌓여 있는가?

이렇듯 이윤 동기가 이끌어내는 변화의 힘을 압축한 것이 바로 주식이다. 채권도 좋은 상품이지만, 미래에 발생하는 이익을 나눠주는 상품은 아니다. 채권은 계약이다. 채권을 사면 약속한 수익률을 얻는 것으로 끝이다. 그러나 미래 이익은 언제나 그랬듯이 결국 증가하며, 이를 압축한 존재가 바로 주식이다.

1965년 인텔을 공동으로 설립한 고든 무어가 제시한 무어의 법칙Moore's Law(반도체 집적회로의 성능이 18개월마다 2배로 증가한다는 법칙)을 생각해보라. 크라이더의 법칙Kryder's Law도 있다. 하드디스크 저장 용량은 무어의 법칙보다도 훨씬 빠른 속도로 증가하고 있음이 2005년에 입증되었다. 이런 현상은 계속 이어질 것이며, 더 가속할 가능성도 있다! 셰넌-하틀리 정리Shannon-Hartley Theorem도 있다. 통신 채널(예컨대 광섬유)로 전송되는 최대 정보량은 기하급수적으로 증가한다는 이론이다.

이 모든 말이 무슨 뜻인가? 우리는 진보가 일직선으로 진행된다고 인식하지만, 실제로는 기하급수적으로 진행된다는 뜻이다. 그리고 온갖 기술이 충돌하면서 미래 혁신이 더욱 빨라지며, 먼 곳의 서로 모르는 사람들이 개발한 기술들이 충돌하면서 전혀 예측할 수 없는 방식으로 다음 핵심 기술을 만들어내거나 발전시킨다는 의미다.

당신이 오늘날의 전자장치야말로 인간 창의력의 절정이라고 생각한다면, 이런 생각이 틀렸음을 깨닫게 될 것이다. 나는 언제 얼마나 이득을 볼지 알 수도 없고 알 필요도 없지만, 단지 주식을 보유하면서 이득을 얻을 것이다. 이득을 얻기 위해 창의력을 발휘해서 문제를 해결하고자 하는 것이 인간의 본성이다. 앞으로도 그럴 것이다. 그리고 혁신으로부터 가장 큰 이득을 얻는 사람은 기술자가 아니다. 그 혁신을 포장하고 광고하고 판매하는 회사와 그 주주들이 큰 이득을 얻는다.

# THE LITTLE BOOK
## OF
# MARKET
# MYTH$

## 2장

# 자산배분의
# 지름길?

MARKET MYTHS

"100에서 나이를 뺀 숫자가 당신의 주식 보유 비중이다.
참 쉽다!"

인간은 지름길을 좋아한다. 투자에서도 예외가 아니다! 우리는 쉬운 길이 있다고 믿고 싶어 한다. '신속한 체중 감량' 같은 광고 문구가 넘치는 모습을 보라. '빠르게 부자 되는 법'도 흘러 넘치는 문구다(대부분 사기다. 17장 참조).

재무설계 분야에서 인기를 끄는 지름길은 **100에서 나이를 뺀 숫자만큼 주식 비중**을 가져가는 기법이다. 이런 주먹구구 기법은 잡지나 블로그에서 볼 수 있으며, 일부 전문가들조차 이 기법을 충실히 따른다!

변형도 있어서, 어떤 사람은 '120'에서 빼라고 말한다(자산배분 기준이 20%나 멋대로 바뀌는 주먹구구 기법이라면 의심해보아야 한다).

이런 의심스러운 투자 기법이 사라지지 않는 것은 쉬워 보이기 때문이다. 구체적이고 간단하며, 자산배분이라는 심각한 과제를 쉽고 빠르게 해결해준다. 그러나 장기 재무 계획에 대한 해법이 쉽고 빨라 보인다면 일단 경계해야 한다. 더 노골적으로 말하자면, 주먹구구식 투자 기법은 매우 냉소적으로 바라보아야 한다.


## 자산배분의 중요성

장기 자산배분 결정은 실제로 중요하다. 장기 자산배분 결정이 가장 중요한 투자 요소라는 점에는 대부분 투자 전문가들이 동의한다. 이들은 장기적으로 포트폴리오 실적의 약 90%가 자산배분(주식, 채권, 현금, 기타 증권의 보유 비중[1])에 좌우된다는 학계 연구를 지적한다.

우리 회사에서는 한 걸음 더 나아간다. 자산배분을 그림 2.1의 깔때기처럼 생각할 수 있다. 우리 회사는 포트폴리오 실

[그림 2.1] **자산배분이 미치는 영향 - 70/20/10**

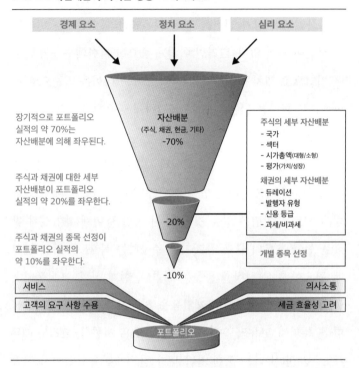

비고: 70%, 20%, 10%는 설명 목적으로 제시한 근사치일 뿐, 미래 수익률 추정치나 수익률 속성이 아니다.

적의 70%가 자산배분에 좌우된다고 믿는다. 그리고 20%는 세부 자산배분(규모, 스타일, 국가, 섹터, 산업, 신용 등급, 듀레이션 등 증권 유형 결정)에 좌우된다고 믿는다. 나머지 실적 10%를 결정하는 요소는 개별 종목 선정으로서, 예컨대 펩시와 코크, 머크와 화이자,

IBM과 마이크로소프트 중 보유할 종목을 선택하는 작업이다.

자산배분이 장기 실적을 결정하는 열쇠라는 점에는 반대하는 사람이 거의 없다. 그러면 이렇게 중요한 자산배분을 주먹구구 기법으로 해치우려는 이유는 무엇일까? 나이를 기준으로 자산배분을 한다는 것은, 나이가 유일하게 중요한 요소라고 믿는다는 뜻이다.

이렇게 두부 자르는 식의 획일적 사고는 나이가 같은 사람은 모두 똑같다고 가정하는 방식이다. 주먹구구 기법 중에서도 이렇게 해로운 방법은 없을 것이다. 이 방법은 현재나 미래에 필요한 현금 흐름의 규모, 투자자가 추구하는 목표, 그 목표 달성에 필요한 자산 성장률 등을 무시한다. 현재 상황, 포트폴리오 규모, 투자자가 여전히 경제활동을 하는지 은퇴했는지도 무시한다. 투자자 고유의 수많은 세부사항도 무시한다. 그리고 **배우자도 무시한다!** 나는 오랜 기간 투자 전문가로 활동하면서 정말 많은 것을 배웠지만, 아마도 가장 중요한 교훈은 **절대로 배우자를 잊어서는 안 된다**는 원칙이다. 이는 당신의 사생활에도 중요한 원칙이다.

물론 나이도 중요하다. 나이는 투자의 시간 지평을 가늠하게 해준다. 그러나 시간 지평은 기대수익률, 필요한 현금 흐름, 현재 상황 등 여러 요소와 함께 고려해야 하는 요소 중 하나에 불과하다[자세한 내용은 2012년에 출간된 *Plan Your Prosperity*(풍요로운 은퇴를 계획하라)를 참조]. 따라서 이 주먹구구 방식은 나머지 모든 요소를 무시한다.

## 시간 지평을 제대로 설정하려면

내가 나이에만 집착하지 말고 시간 지평을 생각하라고 설명하면 사람들은 시간 지평을 엉뚱한 방식으로 생각한다.

흔히 이런 식이다. "나는 나이가 60세입니다. 65세에 은퇴할 계획이니까, 내 시간 지평은 5년입니다." 사람들은 시간 지평이 '은퇴 시점'이나 '현금 흐름 소비를 개시하는 시점'까지 남은 기간이라고 생각한다. 그러나 이런 식으로 생각하다가는 큰 망신을 당하거나 실수를 저지르기 쉽다. 게다가 이런 실수는 흔히 되돌릴 수 없는 시점에 이르러서야 드러난다.

시간 지평은 현재와 어떤 기준 시점 사이의 기간이 아니다. 시간 지평은 당신이 자산을 굴려야 하는 기간이다. 개인 투자자들에게는 대개 자신과 배우자의 생애가 된다. **절대 배우자를 잊어서는 안 된다.**

그림 2.2는 사회보장국 보험통계에 나오는 평균 기대수명이

**[그림 2.2] 계속 증가하는 기대수명**

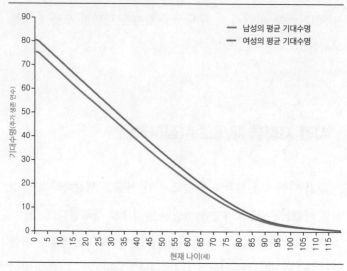

자료: 미국 사회보장국US Social Security Administration, 2007년 현재 잔여수명표.

다. 당신이 미국에 거주하는 60세 남성이라면, 사회보장국이 추정하는 당신의 평균 기대수명은 21년이다. 60세 여성이라면, 평균 기대수명 추정치가 24년이다.

이것이 당신의 시간 지평일까? 그럴지도 모른다. 당신은 평균에 해당한다고 생각하는가? 만약 당신이 건강하고, 활동적이며, 부모가 80대 후반까지 살았다면, 당신의 기대수명은 평균을 넘어서기 쉽다. 즉, 시간 지평이 30년이 될 수도 있다.

그러나 예를 들어 당신은 60세 남성이지만, 배우자가 55세

여성이라고 가정해보자. 배우자도 건강하고 활동적이며, 80대인 장인 장모 모두 살아 있다. 게다가 조부모 모두 90대까지 살았다. 그렇다면 배우자는 장수 유전자를 물려받은 사람이다. 이제 당신의 시간 지평은 40년 이상이 될 수 있다. 만일 당신의 목표가 자녀에게 재산을 최대한 많이 물려주는 것이라면, 시간 지평을 40년보다도 훨씬 길게 잡아야 한다. 하지만 목표가 두 부부의 은퇴생활만을 지탱하는 것이라면, 두 사람의 기대수명을 기준으로 생각하면 된다.

두 사람이 예상보다 일찍 죽어서 은퇴생활 계획이 빗나갈 수도 있지 않은가? 물론이다. 그러나 은행에 거액을 남겨두고 죽었다고 해서 계획이 잘못된 것은 아니다. 정말로 피해야 할 상황은, 시간 지평을 25년으로 잡았는데 85세 넘게 생존하여 자금이 계획보다 빨리 바닥나는 경우다. 아니면 시간 지평을 40년으로 잡았는데, 배우자가 95세 넘게 생존하는 경우다. 빈곤한 노후는 가혹하기 때문이다.


## 서서히 영향을 미치는 인플레이션

투자자들이 저지르는 심각한 실수 중 하나는 자신의 시간 지평을 과소평가하여 필요한 만큼 자산을 충분히 키우지 못하는 일이다. 투자자들은 자산을 많이 키울 필요가 없다고 가정하지만, 이는 다음 두 가지를 생각하지 못한 결과다. (1) 인플레이션은 서서히 영향을 미친다는 점, (2) 인플레이션이 미치는 영향은 부문에 따라 많이 달라질 수 있다는 점.

세월이 흐름에 따라 인플레이션은 구매력에 심각한 타격을 줄 수 있다. 현재 당신은 생활비로 5만 달러가 필요하다고 가정해보자. 이후 인플레이션이 과거 장기 평균과 같은 수준이라면, 10년 뒤에 필요한 돈은 6만 7,000달러가 넘어간다. 그리고 20년

[그림 2.3] **구매력 유지**

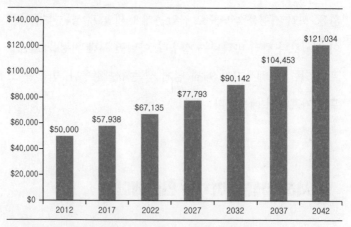

자료: 글로벌 파이낸셜 데이터Global Financial Data, Inc., 2012년 5월 22일 기준. 1925년 12월 31일~2011년 12월 31일 소비자물가지수CPI의 연간 상승률은 3.0%였음.

뒤에는 9만 142달러가 있어야 한다(그림 2.3 참조)

건강한 60세라면 30년 더 살 가능성이 충분하다. 50세라면 30년 더 사는 것은 평범한 수준에 불과하다. 30년 뒤에도 5만 달러의 구매력을 유지하려면 12만 1,034달러가 필요하다! 시간 지평이 긴 사람이 포트폴리오에서 나오는 현금 흐름으로 생활비를 충당하려면, 현금 흐름이 인플레이션을 따라갈 수 있도록 포트폴리오의 성장률을 어느 정도 유지해야 한다. 시간 지평과 필요 현금 흐름을 과소평가하면 기대했던 현금 흐름을 창출하지 못할 확률이 증가한다. 그리고 이 사실을 10년이나 20년 뒤에야 깨닫는다면, 그때에는 선택 대안이 많지 않을 것이다.

따라서 우리는 기대수명을 다소 늘려 잡아야 하고, 시간 지평 역시 다소 길게 잡아야 한다(시간 지평을 당신과 배우자의 기대수명에 따라 설정할 때 그렇다는 말이다).

게다가 기대수명은 계속 증가하고 있다! 그동안 10년마다 평균 기대수명이 계속 증가했다. 신기술과 의학의 발전 덕분에 수명이 길어졌을 뿐 아니라 삶의 질도 더 좋아졌다. 한때 사형 선고로 간주되었던 질병에 대해서도 현상을 유지하거나 치료하는 의술이 개발되었고, 암과 심장질환 등을 조기에 발견하는 기술도 개발되었다. 이동성 증가도 중요한 요소다. 돌아다닐 수 있는 사람은 더 오래 산다. 관절 대체와 보철 기술이 크게 발전한 덕분에 사람들은 훨씬 오래 이동성을 유지하게 되었다. 신체를 움직일 때 심장이 더 건강해진다.

이러한 혁신은 앞으로도 이어질 것이다(1장 참조). 이는 기대수명이 계속 증가한다는 뜻이며, 이에 따라 시간 지평도 늘려야 한다는 의미다.

그리고 앞에서 언급했지만, 시간 지평은 장기 자산배분에 고려할 요소 중 하나에 불과하다. 시간 지평이 중요한 요소이긴 하나 유일한 요소는 아니므로 기대수익률, 필요 현금 흐름, 현재 상황, 기타 개인 특유의 요소들과 함께 고려해야 한다. 따라서 나이만으로 자산배분을 결정하는 주먹구구 기법은 내다 버려야 한다.

THE LITTLE BOOK
OF
# MARKET
# MYTH$

## 3장

---

# 오로지
# 변동성이 문제?

---

MARKET MYTHS

## "변동성이 가장 중요한 위험 요소다."

바로 본론으로 들어가자. 내가 '투자 위험'이라고 말하면, 무엇이 생각나는가? 대부분 독자는 당연히, 그리고 직관적으로 '변동성'을 떠올릴 것이다.

투자자들은 '위험'과 '변동성'이 같은 뜻이라고 생각한다. 실제로도 그런 경우가 많다. 변동성은 투자자가 고려해야 하는 핵심 위험이다(그러나 1장에서 논의했듯이, 변동성은 분석하는 단위 기간에 따라 특성이 달라진다). 그리고 변동성은 단기 관점에서 항상 투자자들이 가장 통렬하게 느끼는 위험이다.

조정장에서 보유 주식이 단기간에 20% 하락한다면, 심장이 멎는 기분일 것이다. 그리고 대형 약세장에서 보유 주식이 30%, 40%, 그 이상 떨어지는 모습을 지켜본다면, 심장이 으깨지는 기분일 것이다. 그래도 주식 투자자들은 변동성을 감내한다. 금융 이론에 의하면(실제로 과거 데이터로도 입증됨), 투자자들은 이 변동성에 대해 장기적으로 보상받기 때문이다.

그러나 변동성이 유일한 위험 요소는 아니다. 위험 요소는 수없이 많다! 1장에서도 논의했지만, 사람들은 채권이 주식보다 안전하다고 생각한다. 그러나 '안전'에 대해 일반적으로 인정된 엄밀한 정의는 없다. 그리고 무위험 채권 따위는 없다. 채권 투자자들은 부도 위험(발행자가 원리금을 연체하거나 파산할 위험)에 직면한다. 신용등급이 높은 회사에도 이런 위험이 있다. 다만 미국 국채는 부도 위험이 이례적으로 낮다. 그 위험이 매우 낮아서, 전문가들은 미국 국채의 이자율을 흔히 '무위험' 이자율이라고 부른다.


## 흔히 간과되는 금리 위험

변동성 위험 외에 금리 위험도 있다. 금리 위험이란 금리가 오르내리면서 수익률에 영향을 주는 위험이다. 금리가 하락하면 투자자들은 만기 도래 채권에서 회수되는 자금을 재투자해서 비슷한 수익률을 얻기가 어렵다. 2003년에 산 표면금리 5%짜리 10년 만기 채권이 2013년에 만기가 도래했다고 가정하자. 이때 회수된 자금으로 신용등급이 비슷한 채권에 재투자하려면, 훨씬 낮은 표면금리를 감수해야 한다. 그러나 어떻게든 표면금리 5%를 유지하려면, 신용등급이 더 낮거나 만기가 더 길어서 위험이 큰 채권을 선택해야 한다. 어느 쪽을 선택하든 재투자하는 채권의 속성이 달라진다.

이것은 금리 위험의 절반에 불과하다. 2012년 이 책을 쓰는 시점 현재, 전반적인 금리가 대부분 독자가 성년이 된 이후 최저 수준으로 내려갔다. 아마도 대부분 독자에게는 평생의 최저 금리일 것이다! 그림 3.1은 1980년 이후 10년 만기 국채 수익률 그래프다. 금리가 변동성과 함께 30년 최저 수준으로 내려갔다.

이렇게 금리가 내려갔다고 해서 금리가 곧 반등한다고 생각하면 안 된다. 계속 옆으로 기어갈 수도 있다. 아니면 조금 더 내려갈 수도 있다. 그러나 10년 만기 국채의 수익률이 2% 미만이므로, 더 내려갈 여지는 많지 않다.

물론 미래 어느 시점에는 금리가 다시 상승할 것이다. 그러나 언제 얼마나 가파르게 상승할지는 알 수 없다. 적어도 가까

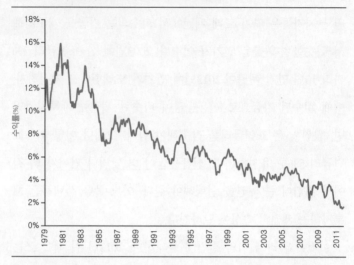

**[그림 3.1] 1980년 이후 10년 만기 국채의 수익률**

자료: 글로벌 파이낸셜 데이터Global Financial Data, Inc., 2012년 10월 25일 기준. 10년 만기 국채의 1979년 12월 1일~2012년 9월 30일 기준수익률Constant Maturity Yield(수익률 곡선에 보간법을 적용하여 산출).

운 장래에는 1970년대와 1980년대 초에 보았던 초고금리가 다시 나타나지 않을 것이다. 당시 초고금리는 대부분 1970년대의 형편없는 통화 정책 탓이었다. 그러나 이후 데이터와 의사소통, 정책 공조가 개선된 덕분에 미국과 대부분 선진국의 통화 정책도 전반적으로 개선되었다. '헬리콥터 벤'이라 불리는 벤 버냉키Ben Bernanke가 매우 멍청한 정책을 펴기도 했지만, 과거 일부 연준 의장들(예컨대 아서 번스Arthur Burns)이 저질렀던 명백한 참사만큼 끔찍하지는 않았다.

시장이 장차 인플레이션이 심각해질 것으로 믿으면 장기 금리가 상승한다. 그러나 버냉키가 아무리 얼빠진 정책을 펴더라도 현재 2% 미만인 10년 금리가 단기간에 10%를 넘어설 것 같지는 않다.

언젠가 일부 금리는 상승할 것이고, 그러면 현재 당신이 보유한 채권은 가격이 하락할 것이다. "그래도 나는 만기까지 보유할 겁니다"라고 말하는 투자자도 있을 것이다. 물론 그렇게 생각할 수도 있다. 그러나 10년은 긴 세월이다. 그리고 30년은

**[표 3.1] 금리 위험**

| | | 10년 만기 국채 | | 30년 만기 국채 | |
|---|---|---|---|---|---|
| | | 2022년 8월 15일 만기 표면금리 1.6% 국채 | | 2042년 8월 15일 만기 표면금리 2.8% 국채 | |
| | | 추정 수익률 | 1년 뒤 투자 수익률 | 추정 수익률 | 1년 뒤 투자 수익률 |
| 만기 수익률 변동폭 | 400 | 5.8% | -55.5% | 7.0% | -97.5% |
| | 300 | 4.8% | -43.1% | 6.0% | -80.6% |
| | 200 | 3.8% | -29.5% | 5.0% | -59.2% |
| | 100 | 2.8% | -14.6% | 4.0% | -32.0% |
| | 50 | 2.3% | -6.6% | 3.5% | -15.6% |
| | 0 | 1.8% | 1.8% | 3.0% | 3.0% |
| | -50 | 1.3% | 10.6% | 2.5% | 24.1% |
| | -100 | 0.8% | 19.9% | 2.0% | 48.1% |
| | -200 | -0.2% | 39.8% | 1.0% | 106.7% |

자료: 블룸버그 파이낸스Bloomberg Finance L.P., 2012년 10월 25일 기준

훨씬 긴 세월이다. 만일 채권을 팔아야만 한다면 금리가 조금만 움직여도 수익률에 심각한 영향을 미칠 수 있다. 표 3.1은 금리 상승이 10년과 30년 만기 채권의 가격에 미치는 영향을 보여준다.

1년 동안 금리 1% 상승은 드문 일이 아니다. 이때 10년 만기 국채의 1년 투자수익률은 -14.6%가 된다. 당신이 채권에서 기대한 실적이 아닐 것이다. 금리 상승기에는 1년에 2% 상승도 드문 일이 아니다. 이때 1년 투자수익률이 10년 만기 국채는 -29.5%, 30년 만기 국채는 -59.2%가 된다. 금리 상승폭이 클수록, 투자총수익은 더 나빠진다. 이것이 바로 금리 위험이다. 무시해서는 안 된다.

## 포트폴리오 위험과 음식 위험

인플레이션 위험, 정치 위험, 환율 위험, 유동성 위험 등 위험을 열거하자면 끝이 없다. 아무튼 변동성 위험이 투자의 유일한 위험이 아닌 것은 분명하다.

1997년 나는 친구이자 공동연구자인 마이어 슈타트만Meir Statman(산타클라라대학 리비 경영대학원 글렌 클리멕Glenn Klimek 재무관리 교수)과 위험에 관한 논문을 썼다. 《파이낸셜 애널리스트 저널 _Financial Analysts Journal_》에 실린 이 논문의 제목은 「평균-분산 최적화의 수수께끼: 증권 포트폴리오와 음식 포트폴리오The Mean-Variance-Optimization Puzzle: Security Portfolios and Food Portfolios」였다.

우리 연구에 의하면, 사람들의 투자에 대한 사고방식은 음식에 대한 사고방식과 유사한 점이 많다. 사람들은 음식에 대해 동시에 여러 요소를 원한다. 사람들은 영양도 풍부할 뿐 아니라 보기도 좋고 맛도 좋은 음식을 원한다. 그리고 그 음식을 적절한 시점에 먹고 싶어 한다. 예를 들어 시리얼은 아침에 먹는 음식이다. 저녁에 먹기에는 적합하지 않다. 저녁에는 품위 있는 음식을 원한다. 그래서 포장도 중요하다.

사람들이 음식에 대해서 원하는 요소는 금세 바뀔 수도 있다. 그리고 원하는 시점에 원하는 음식을 먹지 못하는 것을 위험으로 인식한다. 현재 아무 문제없이 잘 먹고 있는 음식에 대해서는 생각하지 않는다. 예를 들어 집에 남은 음식이 없어서 저녁에 시리얼을 먹을 수밖에 없는 상황이 위험이다. 사람들은 음식 먹는 순서가 바뀌는 것도 싫어한다. 그런 일이 있으면, 다음에는 되풀이하지 않겠다고 다짐한다! 이것이 음식에 관한 위험이다. 사람들은 음식에서 기본 영양소 같은 것은 생각하지 않는다.

그러면 이런 사고방식이 투자와 어떤 관계가 있는가? 흔히 사람들은 투자할 때에도 원하는 시점에 원하는 것을 얻지 못하면 위험하다고 인식한다. 투자의 다른 목적을 충족하느냐에 대해서는 전혀 생각하지 않는다. 투자자들은 "나는 하향 변동성은 싫어"라고 말하기도 한다. 이들은 변동성에서 벗어나고 싶은 것이다. 그러다가 주가가 장기간 상승하면, 이들은 상승장을 놓친 걸 깨닫고 나서, 이것도 위험이라고 인식하게 된다.

## 기회가 오지 않는다면?

이런 위험을 기회비용(하나를 선택했을 때, 그 선택 때문에 상실한 재화의 가치)이라고 부른다. 이런 기회비용 때문에 막대한 손실을 볼 수도 있다.

예를 들어 당신은 시간 지평이 긴데도 오로지 단기 변동성 위험만을 걱정한다고 가정하자. 그러면 장기 목표 달성에 필요한 포트폴리오를 구축하는 대신, 장기간 채권 비중을 지나치게 높일 수도 있다. 이렇게 장기간 주식 비중이 작으면 포트폴리오 수익률이 낮아져서 장기 목표를 달성하기가 어려워진다.

이런 상황이면 타격이 클 수도 있다. 은퇴 후 포트폴리오의 현금 흐름으로 생활하는 사람이라면 특히 더 심각하다. 포트폴리오에 장기간 기회비용이 발생하여 기대했던 현금 흐름이 나오지 않더라도, 처음에 계획했던 소비 수준을 낮추기란 쉽지 않다.

기회비용은 초기에 그 영향이 뚜렷이 나타나지 않기 때문에 더욱 치명적이다. 당신의 시간 지평은 20년이나 30년, 또는 그 이상이 될 수도 있다. 20년이 지나고서 돌아보았더니, 실제로 필요한 연 수익률이 9~10%였으나 단기 변동성을 줄이는 과정에서 포트폴리오의 수익률이 훨씬 낮아졌다면, 이는 돌이킬 수 없는 중대한 실수가 된다. 20년 동안 수익률이 지나치게 낮았다면 이를 벌충하기는 쉽지 않다. 특히 현재 현금 흐름을 소비하고 있다면 더욱 어렵다. 조기에 자금이 바닥날 위험을 줄이려면 소비를 줄여야 할 것이다. 특히 이미 은퇴했거나 은퇴가 임박하여 많은 소득을 기대하고 있었다면 낙담하게 되며, 배우자 역시 많은 소득을 기대하고 있었다면 더 낙담하게 된다. 이 문제는 혼자 감당하기도 어려우며, 배우자에게 설명하기는 더욱 어렵다.

그런데도 대부분 투자자는 기회비용에 대해서 많이 생각하지 않는다. 평소에는 생각하지 않는다는 말이다. 대개 장기간 강세장이 펼쳐져서 극단적인 낙관주의나 도취감이 유행할 때,

사람들은 갑자기 기회비용을 막연하게 의식하게 된다. 예를 들어 1999년 말과 2000년, 갑자기 모든 투자자가 다음 대박을 잡으려고 치열하게 쫓아다녔다. 1990년대의 높은 수익률을 보았으므로, 큰 수익을 내기가 쉽다고 생각한 것이다. 이들은 높은 위험을 떠안고 온갖 인기 기술주를 사들였다! 최근 상장한 인기 기술주를 사지 않으면 기회비용이 엄청나게 크다고 생각한 것이다! 이후 벌어진 일은 당신이 아는 대로다.

일반적으로 투자자들은 변동성에만 관심을 기울일 뿐, 기회비용은 거의 생각하지 않는다. 왜 사람들은 이렇게 현실적인 위험을 도외시할까? 워런 버핏의 유명한 말이 있다. "사람들이 두려워할 때 탐욕스러워야 하고, 사람들이 탐욕스러울 때에는 두려워해야 한다." 우리 두뇌는 장구한 세월 진화하는 과정에서 이익보다 손실에 더 민감하게 반응하도록 구성되었다(1장 참조). 그래서 투자자들은 강세장이 펼쳐질 때에도 이를 믿지 않는 경향이 있다.

이는 잘못된 사고방식이다. 그런데도 투자자들 대부분이 비관해야 할 때에는 낙관하고, 낙관해야 할 때에는 비관한다. 그래서 주식이 상승하는 해가 약 72%인데도, 사람들은 시장을 비관할 때가 더 많다. 그리고 기회비용이라는 위험을 과소평가한다.

그래서는 안 된다. 변동성이 중요한 위험이긴 하지만 유일한 위험은 아니다. 시간 지평이 긴 투자자들은 변동성을 충분히 떠안지 않으면 (기회비용이 발생하여) 장기적으로 더 큰 손실을 볼 수 있다.

THE LITTLE BOOK

OF

MARKET
MYTH$

4장

과거 어느 때보다도
커진 변동성?

MARKET MYTHS

**"주식의 변동성이 과거보다 더 심해졌다."**

들어본 듯한 말인가? 읽어본 듯한가? 옳은 말이라고 생각하는가?

투자자들은 주로 단기 변동성에 관심을 기울이는 것으로 그치지 않는다. 변동성이 계속 증가한다고 생각하며 두려워한다. 실제로 그렇게 느낄 수도 있다. 2008년에 대형 약세장이 펼쳐졌다. 대공황 이후 최대 약세장이었다. 곧이어 2010년에는 유로존 붕괴에 대한 두려움 때문에 세계가 대규모 조정을 겪었다. 2011년에도 대형 조정이 있었고, 2012년에도 규모는 작으나 여전히 두려운 조정이 있었다. 사람들은 투기자들이 초단타 매매를 시작하면서 주식의 변동성이 높아졌다고 단정한다.

그런 말을 믿어서는 안 된다. 미신에 불과하다.

첫째, 변동성 그 자체가 변동이 심하다. 변동성이 높아지기도 하고 낮아지기도 하는 것은 정상이다. 둘째, 높은 변동성이 문제를 불러온다는 생각은 잘못이다. 셋째, 최근 몇 년의 변동성은 이례적으로 높은 수준이 아니어서, 역사적으로 정상 범위에 충분히 들어가는 정도다.

## 변동성이 증가한다

깜짝 퀴즈: 2008년과 2009년 중 변동성이 더 컸던 해는?

대부분 투자자는 미국과 세계 주식시장이 2008년 대폭 하락한 다음, 2009년에 대폭 상승한 것을 알고 있다. 그러나 주식시장 변동성이 2008년에 더 컸다고 착각할 것이다.

하지만 그렇지 않다. 표준편차(널리 사용되는 변동성 척도)를 측정해보면 2008년은 20.1%였고 2009년은 21.3%였다(4장에서는 모두 미국 주식의 표준편차를 사용한다).[1] 즉, 2009년에 변동성이 더 컸다.

왜 그럴까? 먼저 표준편차에 대해서 몇 가지를 이해해야 한다. 표준편차는 말 그대로 평균에서 벗어나는 정도를 측정하는 척도다. 개별 종목, 섹터, 전체 시장 등의 과거 변동성 측정에 사용할 수 있다. 데이터만 충분하면 어디에나 적용되므로, 샌프란시스코의 맑은 날이나 포틀랜드의 비 오는 날에 대해서도 표준편차를 계산할 수 있다. 표준편차가 작으면 실적이 평균에서 많이 벗어나지 않았다는 뜻이다. 반면에 표준편차가 크면 실적의 변동성이 컸다는 뜻이다.

2011년 말 기준으로, 1926년 이후 S&P500의 연 환산 표준편차는 15.6%였다(월 수익률 기준. 연 수익률로 표준편차를 계산할 수도 있지만 데이터 수가 적다. 일 수익률로도 계산할 수 있으나 큰 의미가 없어서, 업계에서는 주로 월 수익률로 표준편차를 계산한다).[2] 그러나 여기에 포함된 두 대공황 약세장 기간의 변동성이 매우 커서, 표준편차가 다소 증가했다. 1926년 이후 표준편차의 중앙값은 13.0%였다(그림 4.1 참조). 따라서 2008년과 2009년 둘 다 표준편차가 평균보다 훨씬 크며, 2008년은 주가가 끔찍하게 하락했고, 2009년은 멋지게 상승했다.

표준편차는 본질적으로 과거를 돌아보는 척도임을 명심하라. 유용한 도구이긴 하나 가까운 장래에 변동성이 얼마나 될지는 말해주지 않는다. 단지 과거에 주식이 평균적으로 어떻게 움직였는지를 설명할 뿐이다. 물론 다른 모든 과거 데이터처럼 유

[그림 4.1] **변동이 심한 변동성**

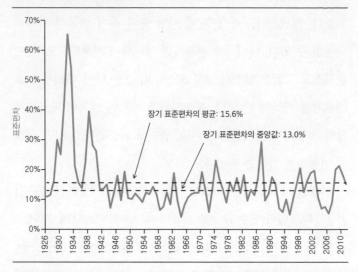

각 연도 12월 31일 기준 연 환산 표준편차를 사용해서 표준편차의 평균과 중앙값을 계산했음.

자료: 글로벌 파이낸셜 데이터Global Financial Data, Inc., 2012년 9월 20일 기준. S&P500 투자총수익 지수(S&P 500 Total Return Index), 1925. 12. 31~2011. 12. 31[3]

용한 지침이어서, 합리적으로 기대할 수 있는 범위를 알려준다. 그러나 변동성은 절대 예측 도구가 아니다.

표준편차가 0이라면, 침대 밑에 숨겨둔 현금처럼(인플레이션 무시) 수익률이 전혀 바뀌지 않았다는 뜻이다. 과거 표준편차가 없어도 주식의 변동성이 엄청나게 컸다는 사실은 얼마든지 알 수 있다. 다시 말하지만, 주식시장의 변동성 자체가 매우 변덕스러웠다. 몇 년 동안은 변동성이 평균을 크게 웃돌았고, 몇 년 동안은 평균보다 훨씬 낮았다. 그리고 몇 년 동안은 변동성이 평균 위아래를 넘나들기도 했다. 초기에 변동성이 컸다가 나중에 작아지기도 했고, 그 반대로 진행되기도 했다. 평균은 평균일 뿐이고, 변동성이 평균에서 크게 벗어난 사례가 많았다.

게다가 변동성이 평균보다 크든 작든, 주가는 이와 상관없이 오르내렸다. 주가를 예측하는 변동성 패턴은 없었다.

## 변동성은 예측 지표가 아니다

변동성이 가장 컸던 해는 1932년으로서 표준편차가 65.4%였다.[4] 그러나 그해 주가는 겨우 8.9% 하락했을 뿐이다. 좋은 실적은 아니지만, 엄청난 변동성과 비교하면 처참한 수준도 아니었다. 이는 대공황 첫 하락 구간의 마지막 해에 월 수익률의 변동성이 매우 컸다는 사실을 말해줄 따름이다.

두 번째로 변동성이 컸던 해는 1933년이었다. 표준편차가 52.9%였으나, 주가는 53.9%나 상승했다.[5] 이는 변동성의 본질을 제대로 파악한 사람(변동성이 주가 하락 위험을 나타내는 위험도가 아니라, 평균에서 벗어난 수준임을 파악한 사람)에게는 전혀 이상한 현상이 아니다.

변동성이 크다고 해서 주가가 반드시 하락하는 것은 아니다. 1998년에는 표준편차가 20.6%였다. 평균보다 훨씬 컸는데도 주가는 28.6% 상승했다.[6] 2010년 표준편차가 18.4%였을 때도 주가가 15.1% 상승했다.[7] 마찬가지로 1980년 표준편차는 17.4%였으나 주가는 32.3% 폭등했다.[8]

물론 변동성이 컸던 해에 주가가 하락하기도 했다. 그러나 항상 그랬던 것은 아니며, 평균 이상의 변동성을 무조건 두려워할 만큼 자주 발생했던 것도 아니다. 그 역도 성립한다. 변동성이 작다고 해서 주가가 대폭 상승하는 것은 아니다. 1977년에는 표준편차가 평균보다 작은 9.0%였지만, 주가는 7.4% 하락했다. 수익률은 1932년과 거의 같았지만, 변동성은 훨씬 작았다.[9] 1953년에는 표준편차가 9.2%였으나 주가가 1.1% 하락했다.[10] 2005년에는 변동성이 7.6%에 불과했지만, 수익률도 낮아서 겨우 4.9%였다.[11]

표준편차가 장기 중앙값과 비슷한 해(12~14%)에도 수익률은 천차만별이었다. 1951년에는 표준편차가 12.2%였는데, 미국 주식은 24.6% 상승했다.[12] 1973년에는 표준편차가 13.7%였으나, 14.8% 하락했다.[13]

변동성 수준에는 주가 예측력이 전혀 없다. 표준편차는 과거를 설명하는 척도이며, 과거는 미래에 영향을 주지 않는다.

# 변동성은 변덕이 심하며,
# 증가하는 추세가 아니다

따라서 변동성에는 예측력이 없다. 그리고 변동성은 증가 추세도 아니다. 여러분은 몇 분 만에 시장 전체가 곤두박질친 2010년 5월의 대폭락을 기억할 것이다. 장중 한때 거의 10% 하락했다가 곧바로 낙폭 대부분을 회복했다(전일 대비 하락으로 마감). 사람들은 이 폭락을 일련의 기술적 결함 탓으로 돌렸다. 급증하는 초단타 매매 때문에 주가가 폭락할 뿐 아니라 전반적으로 변동성도 커진다고 비난하는 사람이 많았다.

그러나 변동성이 증가하고 있다는 증거가 어디에 있는가? 그림 4.1을 다시 보라. 2008년, 2009년, 2010년에는 변동성이 증가했지만, 2011년에는 다소 감소했다. 근년에 변동성이 증가했을 때에도 과거 정점을 벗어난 수준은 아니었다. 그리고 증가 추세도 아니다. 과거에 줄곧 나타났던 변동성의 변덕과 다르지 않았다.

초단타 매매가 변동성을 높인다고 생각한다면, 2003, 2004, 2005, 2006, 2007년에도 초단타 매매가 성행했다는 사실을 주목하라. 당시에는 표준편차가 비교적 작았다. 사람들은 표준편차가 정점에 도달했던 1987년에도 컴퓨터를 이용해서 거래했지만, 오늘날과 같은 초단타 매매는 아니었다. 1974, 1970, 1962년과 기타 변동성이 정점을 이룬 이전 기간에도 초단타 매매는 전혀 없었다.

다른 각도에서 살펴보자. 대공황 기간에는 위아래로 변동성이 매우 컸다. 사람들은 대공황기에 시장이 장기간 계속 침체했다고 생각하지만, 사실은 그렇지 않다. 두 침체기 사이에 성장기도 있었고, 두 대형 약세장 사이에 (역사상 두 번째로 큰) 대형 강세장도 있었다.

당시 변동성의 원인은 다양했다. 하나는 유동성과 투명성 부족이었다. 당시에는 주식도 많지 않았고, 시장 참여자도, 거래도 많지 않았다. 정보의 유통 속도도 느렸으므로 가격이 형성되기도 쉽지 않았다. 거대 기업의 주식을 제외하면 '매수호가와 매도호가의 차이'가 당시 주가에서 차지하는 비율이 지금보다 훨씬 커서, 매수거래와 매도거래가 교차할 때에는 주가 등락률이 매우 높았다. 다른 거시 변수들(형편없는 통화 정책, 실수투성이 재정 정책, 제정신을 잃은 무역 정책, 엉망인 경제, 거대한 불확실성, 히틀러의 등장, 선동가 휴이 롱Huey Long의 등장 등 수없이 많음)을 제외하더라도, 변동성이 훨씬 클 수밖에 없었다.

오늘날에도 거래량이 적은 시장은 대개 변동성이 크다. 투기적 저가주, 초소형주, 규모가 매우 작은 신흥시장이 그런 예다. 지금은 상장주식이 훨씬 많고, 시장 참여자도 훨씬 많으며, 정보도 쉽고 빠르게 구할 수 있으므로, 전반적으로 대공황기보다 시장의 변동성이 작아야 마땅하다. 이는 가까운 장래에 주식의 변동성이 채권만큼 작아진다는 말이 아니다. 절대 그렇지 않다. 장기적으로 높은 수익을 얻으려면 그렇게 되길 원해서도 안 된다. 다만 당시처럼 변동성이 커지기는 쉽지 않지만, 거래량이 적은 시장에서는 여전히 큰 변동성이 나타날 수 있다는 말이다.

## 투기를 비난하지 마라

(실제로 변동성이 증가하든 않든) 변동성 증가의 주범으로 몰려 널리 욕먹는 희생양이 투기자들이다.

투기는 나쁜 행위가 아니다. 주식을 사는 행위는 어떤 면에서 투기 행위다. 보유 기간이 아무리 길어도(1년이든, 10년이든, 50년이든) 주식을 사거나 공매도할 때에는 주가에 대해 추측을 한다. 이런 추측에는 아무런 잘못이 없다.

그러나 사람들이 투기를 논할 때 일반적으로 지칭하는 사람들은 선물 거래자들이다. 선물 거래는 미래 일정 시점에 합의된 가격으로 어떤 것(상품, 주가지수, 금리, 환율 등)을 사거나 팔기로 하는 계약이다. 이는 실질적으로 미래 가격 방향에 돈을 거는 행위다. 흔히 투기자들은 가격에 돈을 걸면서도 해당 물건을 전혀 보유하지 않는다. 보유할 생각조차 없을 것이다! 이들은 미래 가격 흐름만 추측할 뿐, 실제로는 대두, 돈육, 통화 등을 원하지 않는다. 이는 투기자들을 두려워하는 사람들이 보기에 터무니없는 행위다.

유가가 급등하면 대중매체에는 거의 틀림없이 투기자들을 비난하는 머리기사가 올라간다. 투기자들이 단기간에 돈을 벌려고 대중을 우롱한다는 내용이다. 그러나 투기자들은 가격 상승뿐 아니라 하락에도 돈을 건다는 사실을 대중매체는 이해하지 못한다. 그리고 투기자들은 서로 협업하는 관계가 아니므로, 같은 시점에 가격 상승에 돈을 거는 사람도 있고, 하락에 돈을 거는 사람도 있다. 투기자들은 항상 예측에 성공해서 대중의 돈을 긁어가는 금융 천재들도 아니다. 이들도 다른 투자자처럼 돈을 잃기도 한다.

그리고 가격이 하락할 때에는 사람들이 투기자들을 비난하지 않는다. 가격 상승과 마찬가지로 가격 하락도 십중팔구 투기자들 탓일 텐데도 말이다.

선물 거래에는 정당한 이유가 수없이 많다. 기업들은 변동성 높은 상품의 구매 가격을 안정시키려고 늘 선물을 이용한다. 항공사들은 연료 구매 비용을 안정시키려고 연료 선물을 산다. 여러분도 항공권 가격이 큰 폭으로 오르내리기를 바라지는 않을 것이다. 농부들도 선물을 산다! 이들은 사료, 비료, 연료, 기타 상품이 필요한데, 이런 상품들은 가격이 급등락하기 쉬우며, 그러면 이익률이 큰 영향을 받기 때문이다. '선물 거래자'는 '아메리칸 고딕American Gothic' 그림에 등장하는 인물들처럼 다양하게 해석되어야 한다.

선물 거래자들(투기자들)은 자본시장에서 중요한 역할을 한다. 이들은 유동성을 높여준다. 또한 투명성과 가격 발견 속도도 높여주어 순기능을 한다. 사람들은 흔히 유동성 증가가 주는 혜택을 간과하지만, 단지 거래량이 증가하는 것만으로도 실제로 변동성이 감소할 수 있다.

양파로 이를 입증할 수 있다. 1958년 양파 경작자들은 투기자들이 양파 시장을 엉망으로 만들어 양파 가격을 떨어뜨린다고 당시 미시간주 하원의원이었던 제럴드 포드Gerald Ford(후에 대통령이 됨)를 설득했다. 그는 양파 투기를 금지하는 법안을 발의하여 통과시켰다(지금까지도 이 법이 유지되고 있음).

그러면 이후 양파 경작에 항상 햇살과 기쁨이 충만했을까? 사실은 그렇지 않았다. 유가의 변동성이 크다고 생각하는 사람은 양파 가격의 변동성을 본 적이 없는 사람이다. 그림 4.2는 양

[그림 4.2] **원유와 양파의 가격 변동성**

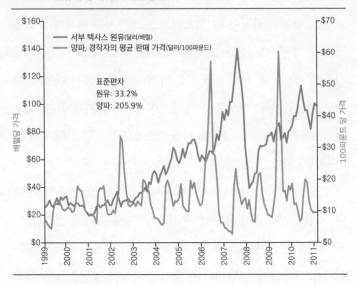

자료: 글로벌 파이낸셜 데이터Global Financial Data, Inc., 2012년 9월 25일 기준. 서부 텍사스 원유(달러/배럴)와 양파 경작자의 평균 판매 가격(달러/100파운드), 1999. 12. 31~2011. 12. 31.

파 가격과 유가를 비교한 자료다. 얼핏 보아도 양파 가격의 변동성이 훨씬 크고, 폭등과 폭락도 잦다(마크 페리Mark J. Perry 교수와 존 스터슬John Stossel 기자에게 감사한다).

눈에 보이는 대로 믿어서는 안 된다. 표준편차도 계산해보아야 한다. 2000년부터 2011년 말까지 원유는 표준편차가 33.2%였지만, 양파는 표준편차가 무려 205.9%였다!

누군가 투기를 금지하여 시장의 병폐를 치유해야 한다고 말하면 이 사례를 떠올리기 바란다. 투기를 금지한다고 해서 반드시 변동성이 감소하는 것은 아니며, 오히려 변동성이 증가할 수도 있다. 게다가 투명성과 가격 발견 기능까지 약화할 수 있다. (정치인들은 자유시장의 원리를 이해할 의지도 능력도 없다. 정치인들은 주요 공직에 선출된 다음 12~24개월이 지나면 바이러스에 감염되어 두뇌 일부가 기능을 상실한다고 나는 확신한다.) 따라서 투기자들에게 감사해야 하며, 변동성을 두려워해서는 안 된다. 변동성은 예측 지표가 아니고, 상승 변동성을 얻으려면 하락 변동성도 떠안아야 하며, 장기적으로는 상승 변동성이 더 자주 발생한다. 따라서 변동성을 기꺼이 떠안아야 한다.

THE LITTLE BOOK
OF
MARKET
MYTH$

## 5장

# 투자의 이상 —
# 원금이 보장된 성장?

MARKET MYTHS

$$$

"원금 보장과 성장을 동시에 누릴 수 있다!"

누군가 '원금을 보장하면서 성장하는 전략'을 제안한다면, 당신은 그 제안을 받아들이겠는가? 아주 훌륭한 전략처럼 보인다. 원금 손실 위험은 없으면서 주식처럼 고수익 가능성만 있는 전략이라면 누가 마다하겠는가? 꿩 먹고 알 먹고 아닌가?

매일 저녁 스테이크와 아이스크림을 잔뜩 먹어도 살이 찌지 않는다면 얼마나 좋겠는가? 원금을 보장받는 동시에 성장을 추구할 수 있다고 생각하는 것은, 매일 저녁 저칼로리 저지방 스테이크와 아이스크림을 아무 죄책감 없이 즐길 수 있다는 생각

과 다르지 않다. 이는 동화 같은 이야기다.

## 원금을 보장하려면
## 변동성이 전혀 없어야 한다

먼저 원금 보장에 관한 사람들의 오해부터 밝혀보자. 원금 보장 목표가 적합한 사람은 생각보다 적다. 당신이 장기적으로 원금 보장을 원한다면 그 이유를 자신에게 물어보라. 확실하게 원금을 보장하는 것은 포트폴리오의 절대 가치가 감소한다는 뜻이다.

확실하게 원금을 보장하려면 변동성을 모두 제거해야 한다 (3장에서 논의했듯이 변동성이 투자의 유일한 위험은 아니다). 그러나 변동성 위험을 제거하면 주식이 하락하는 해에는 손실을 피하지만, 주식이 상승하는 해(전체의 72%)에는 이익을 얻지 못한다. 실질적으로 현금이나 현금성 자산만 보유해야 하므로 장기적으로 인플레이션 때문에 구매력이 서서히 감소하기 쉽다.

물론 국채에 투자하면 현금보다 높은 수익을 얻을 수 있다. 그러나 국채는 확실한 원금 보장 상품이 아니다. 국채 가격에도 변동성이 있으며, 수익률이 마이너스였던 해도 일부 있다(3장 참조). 즉, 만기 전에 매각하면 국채에서도 손실이 발생할 수 있다는 뜻이다. 따라서 국채에 투자해서 원금을 보장받으려면 반드시 만기까지 보유해야 한다.

그러나 이렇게 국채를 만기까지 보유해도 인플레이션을 따라가지 못할 수 있다. 인플레이션의 장기 평균값은 3%다.[1] 이 글을 쓰는 시점 현재 10년 만기 국채는 수익률이 1.6%다.[2] 30년 만기 국채는 2.8%다.[3] 무려 30년 동안 자금을 국채에 묶어두더라도 인플레이션을 못 따라갈 수 있다는 뜻이다. 그리고 만기까지 보유하지 않고 중도에 매각한다면 손실이 발생할 수도 있다. 현재 금리가 사상 최저 수준이므로 장기적으로는 금리가 상승하기 쉽고, 그러면 보유한 채권의 가치는 감소하게 된다.

이렇듯 원금을 보장받으려면 변동성 위험이 없어야 한다. 이는 시간 지평이 긴 투자자들에게는 진정한 원금 보장이 적합하지 않다는 뜻이다.

## 그러나 성장에는 변동성이 필요하다!

반면에 (비록 낮아도) 성장에는 변동성 위험이 필요하다. 이는 원금 보장의 반대다. 몇 번이고 거듭 말하지만, 하락 변동성이

없으면 상승 변동성도 없다. 그리고 1장에서 밝혔듯이 상승 변
동성이 더 자주(모든 해의 72%), 더 크게 나타난다(그러나 우리 두뇌는
이 사실을 제대로 기억하지 못한다).

이는 원금 보장과 성장을 동시에 추구할 수 없다는 뜻이다.
물리적으로 불가능한 일이다. **하락 변동성 없이는 상승 변동성을
확보할 수 없기 때문이다.** 누군가 다른 말을 한다면 그는 거짓말
을 하는 것이다. 무심코 하는 말이더라도 나쁜 말이다. 의도적
으로 하는 말이라면 더 나쁜 말이다. 더 높은 성장이 필요할수
록 더 많은 단기 변동성을 감수해야 한다. 다른 방법은 없다. 당
장 이 현실을 받아들여라. 그러면 터무니없는 기대를 품는 일은
없을 것이다(터무니없는 기대는 엄청난 피해를 불러올 수 있다. 17장 참조).

물론 가파른 단기 변동성을 견뎌내기가 쉽지는 않을 것이다.
그래서 투자자들은 장기 목표를 유지하지 못하고 엉뚱한 시점
에 시장을 들락거린다.

이번에는 관점을 바꿔서 생각해보자. 원금 보장과 성장을 동
시에 추구할 수는 없다. 그러나 장기 목표를 추구하다 보면 장
기적으로 원금이 보장될 확률이 매우 높다.

1장에서 보았듯이 20년 이상의 단위 기간에서는 주식에 마
이너스 수익률이 전혀 없었다(그리고 거의 항상 채권보다 수익률이 훨
씬 높았다). 과거 실적이 미래 실적을 보장하는 것은 절대 아니지

만, 합리적으로 기대할 만한 것인지는 알려준다. 우리 생애(또는 수천 년 이어지는 자손까지도)에 인간의 본성이 바뀌어 이윤 동기의 위력이 감소하는 일은 없을 것이다. 따라서 앞으로도 장기간 주식이 높은 수익률을 유지할 가능성이 매우 크다.

이는 잘 분산된 주식 포트폴리오를 구성하면 앞으로 20년 동안 성장할 가능성이 매우 크다는 뜻이다. 아마도 두세 배 정도로 늘어날 것이다. 따라서 변동성은 경험하겠지만 성장과 원금 보장을 모두 달성하게 될 것이다.

물론 단기적으로는 마이너스 수익률도 경험할 것이다. 그리고 때에 따라서는 원금에서 손실이 발생할 수도 있다. 그러나 장기적으로는 성장을 달성할 확률이 훨씬 높으므로 원금도 보전하게 된다. 이는 모두 성장을 목표로 삼았을 때 기대되는 실적이다. 원금 보장을 목표로 삼는다면 20년 뒤에는 겨우 원금만 유지하는 실적에 그칠 것이다.

따라서 누군가 원금 보장과 성장을 동시에 추구할 수 있다고 말한다면 그는 금융 이론을 잘 모르거나, 당신을 속이려는 것이다. 둘 다 잘못이다.

6장

# GDP와 주가의 괴리가
# 폭락을 부른다?

MARKET MYTHS

"주가 상승률이 GDP 증가율을 훨씬 넘어섰으므로
주가가 폭락해야 한다."

주가 상승률이 미국 경제 성장률을 훨씬 넘어섰으므로 주가
는 더 버티지 못하고 폭락할 수밖에 없다고 겁주는 사람이 가
끔 나온다.

옳은 말이다! 미국 GDP 실질 성장률의 장기 평균은 약 3%
다. 그러나 미국 주식 상승률의 장기 평균은 연 10%다.[1] 이는 커
다란 차이다. 장기적으로 두 비율이 비슷해야 한다고 믿는다면,
두 비율의 차이가 가공의 수익률인 셈이다. 미국의 GDP 성장

률 평균이 연 3%라면 주식의 초과 수익률은 도대체 어디에서
온 것인가?

이런 식으로 보면 그 차이가 걱정스러워진다. 이렇게 장기간
이어진 수익률 차이를 메우려면 주식이 장기간 폭락을 거듭해
야 하기 때문이다. 끔찍한 일이다!

그러나 주식 수익률과 GDP 성장률 사이에 아무런 관계가
없다면 문제는 저절로 해결된다. 두 숫자가 일치하지 않는 것은
일치할 필요가 없기 때문이다. 주식의 수익률은 GDP 성장률보
다 더 높을 수 있고, 높아야 하며, 십중팔구 앞으로도 계속 훨씬
높을 것이다. GDP가 무엇이고 주식이 무엇인지 생각해보면 마
땅히 그래야 한다.

## GDP는 산출량 척도이지, 경제의 건전성을 나타내는 척도가 아니다

GDP는 국내 산출량을 측정하는 결함투성이의 불완전한 척
도다. 가정과 조사를 바탕으로 산출되며, 자주 수정된다(몇 년 지
난 다음 수정되기도 함). 국가의 자산이나 부를 측정하지도 않는다.
단지 경제 흐름을 측정하는 표준 척도일 뿐이다.

2011년 말 현재 미국의 GDP는 약 15.3조 달러(현재 달러 가치)였다.[2] 2012년 GDP 성장률이 0%이더라도 미국의 GDP는 여전히 약 15.3조 달러가 된다. 심지어 미국의 성장률이 5년 연속 0%이더라도 5년에 걸쳐 미국이 내놓는 산출량은 76.5조 달러가 된다.

게다가 사람들의 생각과는 달리 GDP는 경제의 건전성을 나타내는 완벽한 지표가 아니다. 연간 GDP는 다음과 같이 산출된다.

GDP = 민간 소비 + 총투자 + 정부 지출 + 순수출(수출-수입)

'총투자'는 '비주거용 설비 투자(기업의 지출)'에 '주택 투자'를 더하고, '재고 자산 변동량'을 더하여 계산한다.

미국은 수십 년 동안 수출보다 수입이 많았으므로, 그만큼 GDP가 감소했다. 그러나 수입 초과가 꼭 나쁜 것만은 아니다. 이는 경제가 건전하다는 신호일 수도 있다. 미국이나 영국처럼 수입 초과인 주요 선진국들은 일본이나 독일 같은 수출 초과국보다 대체로 GDP 성장률이 높다. 수입 감소는 좋은 신호가 아니다. 수출보다 수입이 급격히 감소하면 연간 GDP가 그만큼 증가한다. 그러나 이는 십중팔구 경기 침체로 말미암은 수요 붕괴처럼 더 심각한 문제가 있다는 뜻이다.

미국이 수입하는 제품의 상당량은 중간재다. 중간재는 여기저기서 생산된 제품들과 결합된다. 그다음 미국에서 판매되거나 외국으로 수출된다(이 과정에서 연간 GDP가 증가). 미국 기업들은 제품을 구상하고, 포장하며, 광고하고, 판매하는 과정에서 더 값싼 자원을 수입하여 이익률을 높이고, 주주 가치를 증대할 수 있다. 그 덕분에 미국 소비자들은 더 품질 좋은 상품을 더 싼 가격에 살 수 있다. 그러나 GDP로는 이런 이득을 파악할 수 없다.

## 정부 지출 감소는 좋은 일

정부 지출이 감소하면 GDP가 줄어든다(2011년과 2012년 미국 GDP가 신통치 않았던 이유 하나는 정부 지출이 감소했기 때문이다). 그러나 정부 지출 감소가 꼭 나쁜 것은 아니다. 장기적으로 보면 오히려 보탬이 될 수 있다.

이른바 피그스PIIGS 국가들(포르투갈, 이탈리아, 아일랜드, 그리스, 스페인)을 생각해보자. 이 중 아일랜드는 제외하고 생각하자. 아일랜드 경제는 구조적으로 경쟁력을 유지해왔고, 대부분 부채는 부실 은행에서 비롯되었으며, 정부가 이들 은행을 긴급구제

했다. 그러나 나머지 피그스 국가에서는 정도의 차이는 있지만, 수십 년 동안 방대한 정부 지출이 민간 부문을 몰아냈다. 자본 지출 면에서는 민간 부문이 정부보다 훨씬 영리하고 효율적이다. 따라서 이들 국가는 주요 유럽 국가들보다 경쟁력이 훨씬 낮아졌다. 기업들이 지출하는 돈은 이익을 유보하거나 대출로 조달한 자금이다. 돈을 지출하고서도 이익을 얻지 못하면 기업은 결국 문을 닫게 된다. 이것이 창조적 파괴로서, 사회를 이끌어가는 강력한 힘이다.

그러나 정부에 대해서는 창조적 파괴의 힘이 미치지 않는다. 정부가 지출하는 돈은 당신과 나에게서 빼앗은 돈이다. 그 결과 당신과 나는 원하는 용도에 효율적으로 돈을 쓸 수 없다. 그 돈으로 새로 사업을 시작할 수도 없다. 돈을 빼앗긴 기업은 멋진 신제품을 개발하거나 장비를 개선하거나 직원을 고용할 수 없다. 정부가 돈을 가져가는 탓에 개인과 기업들은 사익을 추구하면서 돈을 더 현명하게 소비할 수가 없다. 정부는 뒷북이나 치면서 가치도 불확실한 곳에 돈을 소비한다.

정부는 돈을 낭비해도 망하지 않는다. 나중에 돈이 필요해져도 정부는 가치 있는 상품을 만들어 이익을 창출할 필요가 없다. 단지 세금을 더 거두기만 하면 된다(민간 기업이 이런 식으로 영업한다면 내가 이 문장을 마치기도 전에 망할 것이다)!

정치인들이 돈을 심각하게 낭비한다면 그중 일부는 다음 선거에서 탈락할 것이다. 그러나 그 자리를 메우는 정치인들이 느끼는 책임감 역시 소비자나 민간 기업과는 비교가 안 될 정도로 부족할 것이다. 돈을 지극히 심각하게 낭비하는 정치인들은 세입 위원회 위원장으로 선출될지도 모른다.

사람들은 피그스 국가들의 과도한 부채가 문제의 근원이라고 말하지만 이는 잘못된 주장이다. 정말로 문제를 일으킨다고 입증된 부채의 수준 따위는 없다(13장 참조). 이들 국가의 문제는 수십 년 동안 정부가 지출을 주도했다는 사실이다.

## 주가가 너무 빨리 너무 많이 상승했다고?

이제 주식에 대해 논해보자. 그러나 먼저 한 가지 오해부터 바로잡고자 한다. 지금까지 논의한 '주가 상승률-GDP 증가율 괴리론'의 변종 하나가 "주가가 너무 빨리 너무 많이 상승했으므로 폭락해야 한다"라는 주장이다. 이런 주장을 펴는 사람들은 흔히 S&P500의 장기 수익률을 나타내는 그림 6.1 같은 차트를 인용한다.

차트를 보면 주식이 장기간 매우 안정적인 수익률을 유지하

**[그림 6.1] 미국 주식 수익률, 기만적인 선형차트**

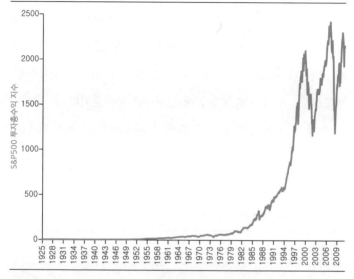

자료: 글로벌 파이낸셜 데이터Global Financial Data, Inc., 2012년 9월 24일 기준. S&P500 투자총
수익 지수(S&P 500 Total Return Index), 1925. 12. 31~2011. 12. 31[3], 선형 눈금에 그림.

다가, 1980년대 중반부터 급등한 것처럼 보인다. 이어서 1990년
대 말에 광풍이 불어 지속 불가능한 상태에 도달한다. 그다음
거대 약세장이 두 번 나타나면서, 주가가 '너무 빨리, 너무 많
이' 상승했다고 믿는 사람들의 두려움을 뒷받침해준다.

먼저 두 약세장을 생각해보자. 이들은 대공황 이후 가장 심
각했던 두 약세장이다. 이번에는 차트에서 1929년을 보라. 하락
한 흔적도 보이지 않는다. 기묘한 일이다. 우리가 아는 대공황

은 이런 모습이 아니다.

이번에는 그림 6.2를 보라. 역시 장기 수익률을 보여주는 차트다. 이 차트는 불안하거나 무서운 형태가 전혀 아니다. 그러나 그림 6.1과 그림 6.2 모두 데이터는 똑같다. 전자는 선형 눈금에 그렸고, 후자는 로그 눈금에 그렸다는 차이뿐이다.

선형 눈금도 수익률 측정에 항상 사용되므로 좋은 척도다. 단기간이라면 주식 수익률에 선형 눈금을 사용해도 문제없다.

[그림 6.2] 미국 주식 수익률, 로그차트

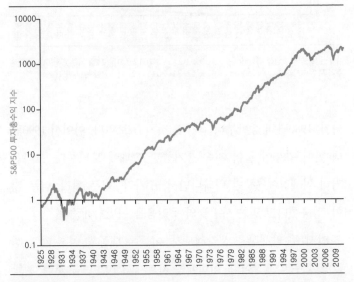

자료: 글로벌 파이낸셜 데이터Global Financial Data, Inc., 2012년 9월 24일 기준. S&P500 투자총수익 지수(S&P 500 Total Return Index), 1925. 12. 31~2011. 12. 31[4], 로그 눈금에 그림.

그러나 장기간에 걸쳐 복리 수익률을 측정할 때 선형 눈금을 사용하면 수직 눈금 배분에 문제가 발생한다.

선형 눈금의 100에서 110으로 이동하면 작아 보이지만, 1,000에서 1,100으로 이동하면 매우 커 보인다. 그러나 실제로는 똑같은 것이다. 둘 다 10% 움직인 것이므로 똑같이 보여야 한다. 선형 눈금에 100년에 걸쳐 수익률 그래프를 그리면, 최근 수익률은 지수 수준 자체가 높은 까닭에 엄청나게 커 보인다.

로그 눈금은 이런 문제를 해결해주므로 장기 수익률을 분석하기에 더 적합하다. 로그 눈금에서는 절대가격 차이가 매우 커도 비율이 같으면 똑같이 보인다. 즉, 100에서 200으로 증가하는 것이나 1,000에서 2,000으로 증가하는 것이나, 둘 다 100% 증가이므로 똑같은 모습으로 나타난다. 실제로 투자 실적도 이런 원리로 나오게 된다.

## 주식이란 무엇인가?

1장에서 논의했듯이, 주식은 현재나 미래 GDP의 일부가 아니라 회사 소유권의 일부다. 주식을 사면 회사 일부를 보유하게 되며, 회사의 미래 이익 일부도 보유하게 된다. 우리는 회사의 미래 이익이 증가할 것으로 기대하기 때문에 주식을 산다. 그렇게 기대하지 않는다면 주식을 사지 않을 것이다.

그림 6.3은 장기간 S&P500의 주당 이익과 S&P500 지수를 비교한 자료다. 둘의 움직임이 항상 완벽하게 일치하는 것은 아니지만, 매우 비슷한 추세를 유지한다. 이는 당연한 결과다. 그러나 GDP에는 회사의 지출은 반영되지만 이익은 반영되지 않는다.

**[그림 6.3] S&P500 지수와 주당 이익**

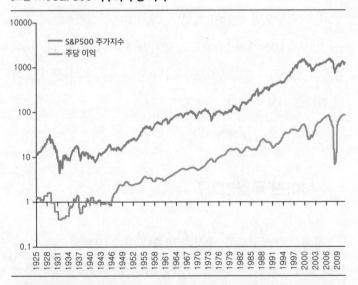

자료: 글로벌 파이낸셜 데이터Global Financial Data, Inc., 2012년 9월 24일 기준. S&P500 주가지수(S&P 500 Price Index), 1925. 12. 31~2011. 12. 31.

물론 한 회사의 지출이 다른 회사의 이익에 보탬이 될 수는 있다. 그리고 회사의 이익이 경기 흐름의 방향과 강도에 따라 달라질 수도 있다. 이익은 매출액에서 비용을 차감하여 산출한다. 그러나 연간 GDP는 매출액과 비용 어느 것과도 직접적인 관계가 없다.

상장회사들은 미국 경제 안에서 활동한다. 그러나 주식시장과 경제가 똑같은 것은 아니며, 서로 대체할 수 있는 것도 아니다. 연간 GDP 성장률은 주가 상승률과 직접적 관계가 없고, 관계가 있어서도 안 된다. 따라서 회사의 이익과 주가는 장기적으로 GDP보다 더 빨리 상승할 수 있고, 계속 상승할 것이다. 주식은 혁신의 충돌이 기하급수적으로 계속 증가하면서 장기적으로 이익이 상승하는 기업을 대표하기 때문이다. 그러나 GDP에는 주식의 이런 속성이 반영되지 않는다.

THE LITTLE BOOK

OF

# MARKET
# MYTH$

## 7장

---

# 10% 수익률이
# 영원히?

---

MARKET MYTHS

"주식 수익률이 10%라면,
총수입에서 10%씩 영원히 꺼내 쓸 수 있겠군."

주식이 장기간에 걸쳐 계속해서 높은 수익을 낼 수 있을지 의심하는 사람들이 있다. 이런 사람들은 자본주의에 대한 믿음이 더 필요하며, 1장을 다시 읽어보아야 한다.

반면에 주식이 장기간 높은 수익을 가져다줄 것으로 믿는 사람들도 있다. 이들은 전적으로 확신한다. 지금부터 영원토록 주식에서 평균적으로 연 10% 수익이 나온다고 믿는다. 이들은 믿음이 매우 강해서 매년 총수입의 10%를 손쉽게 가져다 쓸 수 있다고 생각한다.

나는 이들의 낙관론을 어느 선까지는 공유한다. 그러나 주식의 연 수익률이 장기간 꾸준히 10%가 되어야만 한다고 맹신하지는 않는다. 내 추측으로는 주식의 수익률이 장기적으로 채권보다는 훨씬 높을 것이고 장기 수익률도 과거 평균인 10% 근처가 되겠지만, 이보다 다소 높거나 낮을 수도 있다. 그러나 매년 총수입의 10%를 꺼내 쓰려는 계획은 끔찍한 재앙을 부르는 방식이다. 수익률의 엄청난 변동성을 무시했기 때문이다.

## 주식의 수익률은 높지만 변덕스럽다

1장 등에서 논의했듯이 주식은 단기 수익률의 변동성이 높아서 장기 수익률의 평균이 높은 것이다. 주식의 수익률이 더 안정적이라면 모두가 좋아하겠지만(17장 참조), 현실은 그렇지 않다.

표 7.1은 S&P500 연 수익률의 범위와 빈도를 보여준다. 빈도가 가장 많은(전체 연도의 37.2%) 실적은 20%가 넘는 높은 수익률이다. 그다음으로 빈도가 많은 실적은 0~20% 수익률이다. 그러나 10% 근처의 수익률은 드물었다.

사람들이 견디기 어려울 정도로 폭락한 해는 전체 연도의

[표 7.1] 흔치 않은 평균 수익률

| S&P500의 연 수익률 범위 | | | 1926년 이후 발생 빈도 | 비중 | |
|---|---|---|---|---|---|
| > | | 40% | 5 | 5.8% | 대폭 상승(발생 비중 37.2%) |
| 30% | to | 40% | 13 | 15.1% | |
| 20% | to | 30% | 14 | 16.3% | |
| 10% | to | 20% | 17 | 19.8% | 소폭 상승(발생 비중 34.9%) |
| 0% | to | 10% | 13 | 15.1% | |
| -10% | to | 0% | 12 | 14.0% | 소폭 하락(발생 비중 20.9) |
| -20% | to | -10% | 6 | 7.0% | |
| -30% | to | -20% | 3 | 3.5% | 대폭 하락(발생 비중 7.0%) |
| -40% | to | -30% | 2 | 2.3% | |
| < | | -40% | 1 | 1.2% | |

자료: 글로벌 파이낸셜 데이터Global Financial Data, Inc., 2012년 7월 10일 기준. S&P500 투자총수익 지수(S&P 500 Total Return Index) [1] 1925. 12. 31~2011. 12. 31.

7.0%에 불과했다. 찾아보기조차 어려웠다! 그런데도 폭락한 해는 우리 기억 속에서 큼직한 자리를 차지한다.

총수입에서 10%씩 꺼내 쓰면 궁지에 몰릴 수도 있다. 대형 약세장이나 단기 조정을 겪을 수 있기 때문이다. 시간 지평이 매우 짧은 사람이라면 큰 문제는 되지 않는다. 그러나 대부분 독자는 시간 지평이 매우 길어서 20년 이상이 될 것이다.

어떤 사람은 "나는 그렇게 폭락하지 않도록 포트폴리오를 구성할 겁니다"라고 말할 것이다. 물론 채권 비중을 항상 높게 유지하는 방식으로 단기 변동성을 줄일 수는 있다. 하지만 그렇게 하면 기대수익률도 하락한다. 그런 포트폴리오는 장기 수익률이 십중팔구 10%보다 훨씬 낮다.

매매 차익을 얻겠다는 사람도 있을 것이다. 예컨대 주가가 25% 상승하는 해에 매도하여 차익을 얻겠다는 식이다. 주식은 하락하는 해보다 상승하는 해가 더 많으니까 말이다. 그러나 약세장에서 흔히 그렇듯이, 주가가 20%, 30%, 그 이상 하락하면 어떻게 할 것인가? 현금 인출을 중단하겠는가? 아니면 포트폴리오에 다시 현금을 적당히 집어넣을 것인가?

100만 달러였던 포트폴리오가 80만 달러로 감소했다고 가정하자. 이는 모두 주식으로 구성된 포트폴리오라면 단기간에 얼마든지 일어날 수 있는 현상이다. 당신은 포트폴리오가 다시 100만 달러를 회복할 때까지 현금 인출을 중단하겠는가? 아니면 80만 달러를 새 기준으로 삼을 것인가? 현금 인출 원칙이 이렇게 변덕스러워서는 사람들 대부분이 견뎌내지 못한다.

## CD로 얻는 5% 소득

다른 대안을 제시하는 사람도 있다. "나는 계속해서 수익률 5%짜리 CD나 채권을 살 겁니다. 항상 5% 소득을 얻는 안전한 방법이지요. 원금에 손댈 일도 없고요!" 이론적으로 포트폴리오가 100만 달러이고, 매년 5만 달러가 필요하면, 계속 수익률 5%짜리 CD나 채권을 사면 된다.

그럴듯한 이야기지만 이 방법도 통하지 않을 것이다. 첫째, 2012년 현재 5%짜리 CD는 신화에나 나오는 존재다. 존재하지 않는다는 말이다! 5년 만기 CD는 수익률이 2% 미만이다. 10년 만기 CD는 최고 수익률이 2.1%다.[2] 3장에서 보았듯이 국채는 10년 만기가 1.6%, 30년 만기가 2.8%다. 인플레이션의 장기 평균에도 못 미친다![3]

회사채라고 크게 나을 바가 없다. 최고 신용등급의 회사채(부도나지 않는다는 보장 없음) 수익률은 2.1%다.[4] 수익률을 더 높이려면 정크본드를 사야 한다. 이 글을 쓰는 시점 현재 10년 만기 정크본드의 수익률은 6.6%다.[5] 말 그대로 쓰레기 채권이다. CD나 채권에 투자해서 안정적인 현금 흐름을 확보하겠다는 전략이라면 정크본드에 의존하는 전략은 적합하지 않다. 물론 정크본드로 수익률을 높일 수는 있지만, 정크본드의 수익률이 6.6%라면 매우 하찮은 수익률이다. 투자자의 목표와 시간 지평에 따라 달라지겠지만 정크본드로 부도 위험을 높이는 대신 주식으로 변동성 위험을 높이는 편이 더 합리적일 것이다. 장기 수익률 면에서는 주식이 더 유리할 것이다.

따라서 CD 전략을 선택했을 때 100만 달러 포트폴리오에서 나오는 소득은 5만 달러가 아니라 2만 1,000달러(10년 만기 CD)가 될 것이다.

CD, 채권 등의 금리가 역사상 최저 수준이다. 결국 언젠가 금리는 상승할 것이다. 당신은 나중에 금리가 상승하면 보유 중인 CD나 채권을 팔아 금리가 더 높은 상품으로 갈아탈 생각을 할지도 모르겠다.

그러나 금리와 가격은 반대로 움직인다는 사실을 명심하라. 금리가 상승하면 보유한 채권의 가격은 하락한다. 따라서 채권을 팔면 손해가 발생한다. 그리고 CD는 만기 이전에 상환받으려면 대개 중도 상환 수수료를 내야 한다. 따라서 금리가 상승하면 포트폴리오의 가치가 감소한다. 이것은 당신이 기대했던 상황이 아닐 것이다.

원금 손실을 피하려면 만기까지 기다려서 상환받은 자금으로 수익률이 더 높은 상품을 사면 된다. 좋은 방법이다. 그러나 기다리는 동안은 낮은 소득에 만족해야 한다. 그리고 얼마나 기다려야 5년 만기 CD 금리가 2%에서 5%로 상승할지 아무도 모른다. 어쩌면 아주 오랜 세월이 흘러야 할지도 모른다.

게다가 **인플레이션**도 잊어서는 안 된다. 현재 가치로 5만 달러가 필요하다면, 10년 뒤에는 6만 7,000달러 이상이 있어야 한다(인플레이션이 장기 평균 수준으로 유지될 때 구매력을 그대로 유지하려면). 그리고 20년 뒤에는 9만 달러가 있어야 한다(2장 참조).

혹시라도 어느 날 갑자기 금리가 급등하여 수익률 9%짜리 CD를 살 수도 있지 않겠는가? 그러면 구매력 문제도 저절로 해결되지 않겠는가?

해결되지 않을 것이다. 20년 뒤에 9만 달러가 있어야 한다는 말은, 인플레이션이 장기 평균 수준을 유지한다고 가정했을 때 그렇다는 말이다. CD(폰지 사기를 벌인 앨런 스탠퍼드의 가짜 CD가 아니라 진짜 CD - 17장 참조)의 금리가 9%인 상황이라면, 십중팔구 그동안 인플레이션이 가파르게 진행되어 구매력을 심각하게 갉아먹었을 것이다. 이는 9만 달러로도 부족하다는 이야기다.

그러면 포트폴리오에서 어떤 방식으로 현금을 인출해야 하는가? 현명한 장기 전략은 먼저 전체 목표를 설정한 다음, 목표 달성 가능성이 커지도록 적정 기준(벤치마크)을 선택하고 장기 자산배분을 실행하는 것이다[자세한 방법은 나의 2012년 저서 *Plan Your Prosperity*(풍요로운 은퇴를 계획하라) 참조]. 이때 장기 시간 지평에 걸쳐 인플레이션을 고려한 현금 흐름이 유지될 수 있도록 기준을 선택해야 한다. 10% 전략과 5% 수익률 CD 전략은 둘 다 지속 불가능한 미신이다.

THE LITTLE BOOK
OF
# MARKET
MYTH$

## 8장

# 고배당주로
# 확실한 소득을?

MARKET MYTHS

**$$$**

"고배당주에 투자해서
안정적인 은퇴 소득을 확보해야겠어."

수명이 계속 증가하고 있다. 이런 추세는 장래에도 이어질 수밖에 없다(2장 참조). 이는 은퇴 후 생활이 과거 어느 때보다도 길어진다는 뜻이다. 대부분 사람이 예상하는 것보다 훨씬 길어질 듯하다. 이에 따라 은퇴생활에 필요한 현금 흐름 확보가 투자자들의 최대 관심사가 되고 있다.

갑자기 생활비를 줄여야 하는 일처럼, 은퇴 후 뜻밖의 사건을 원하는 사람은 아무도 없다. 은퇴 기간 내내 포트폴리오에서

충분한 현금 흐름이 나오게 하려면 어떻게 해야 할까?

아주 흔한 미신 중 하나는 포트폴리오에 고배당주와 고수익 채권의 비중을 높이면 된다는 생각이다. 그러면 수익률이 얼마가 되든, 원금에는 거의 손대지 않고서도 생활비를 안정적으로 충당할 수 있다고 믿는다. 전문가를 포함해서 많은 투자자가 이를 안전한 은퇴 전략이라고 생각한다.

그러나 이 말을 믿어서는 안 된다. 이 미신을 믿으면 나중에 아주 값비싼 대가를 치를 수도 있다. 예컨대 장래에 소비를 줄여야만 할지도 모른다. 배우자에게 난처한 이야기를 꺼내야 할지도 모른다.

고배당주 미신에는 몇 가지 문제가 있다. 첫째는 소득과 현금 흐름을 혼동한다는 점이다. 물론 배당은 엄밀하게 따지면 소득이다. 배당은 소득신고서에 소득으로 분류된다. 장기 목표와 재정 형편에 따라 정도의 차이는 있겠지만, 배당주와 채권은 현금 흐름의 원천으로도 적합할 것이다. 나는 당신의 상황을 알지 못하므로, 당신에게 얼마나 적합한지는 말할 수 없다. 그러나 배당주와 채권에 지나치게 의존하면 나중에 난처한 상황에 몰릴 수도 있다.

금융 이론은 명확하게 말한다. 현금 흐름의 원천이 무엇이든 세후 소득이 많은 쪽을 선택해야 한다고. 현금 흐름의 원천이 배당이든 이자든 증권 매각이든 전혀 상관없다. 현금은 똑같은 현금이다. 가장 중요한 것은 당신에게 적합한 기준(벤치마크)에 따라 최적 자산배분을 유지하는 일이다. 그러나 고배당주가 잔뜩 들어 있는 포트폴리오는 최적 자산배분이 되기 어렵다. 왜 그럴까?

주식의 주요 카테고리는 모두 인기를 끌 때도 있고 소외될 때도 있다. 고배당주도 예외가 아니다. 가치주와 성장주가 시장 주도권을 주고받듯이, 소형주와 대형주도 번갈아가며 시장을 주도한다. 에너지, 기술, 금융, 원자재 등 주요 섹터들의 인기도 순환한다. 때로는 시장을 주도하고, 때로는 시장에서 소외되지만 여기에는 규칙이 없다. 고배당주 역시 주식 카테고리 중 하나에 불과하다. 실적이 더 좋은 것도 아니고, 변동성이 더 작은 것도 아니다. 실적이 좋을 때도 있고, 중간일 때도 있으며, 형편 없을 때도 있다(9장 참조).

배당이야말로 회사의 건전성을 나타내는 지표라고 진심으로 믿는 투자자도 있다. 그렇다면 건전한 주식만으로 포트폴리오를 구성해야 하지 않겠는가? 그러나 배당을 지급하는 회사가 본질적으로 더 낫다고 볼 만한 근거는 없다. 배당은 주주 가치를 창출하는 방법의 하나에 불과하다.

어떤 회사는 이익을 재투자하여 주주 가치를 창출한다. 이런 기업은 새 장비에 투자하거나, 연구개발에 투자하거나, 경쟁 기업이나 보완 기업을 인수할 때 주식의 가치가 상승한다고 믿는다. 또 어떤 회사는 재투자하더라도 성장하기 어렵다고 판단한다(제품의 수명주기, 사업의 특성 등의 이유로). 이런 회사는 배당을 지급하여 주주 가치를 창출할 수 있다. 고배당주가 바로 이런 주식이다. 다른 조건이 모두 같다면, 회사가 배당을 지급한 다음에는 주가가 대략 배당금만큼 하락한다. 결국 회사는 소중한 자산인 현금을 내주는 셈이다.

고배당 기업들은 이익 재투자보다 배당 지급이 더 가치 있다고 보기 때문에, 고배당주와 가치주는 중복되는 경향이 있다. 반면에 성장 기업들은 대개 배당이 적거나 아예 없다. 일반적으로 가치주가 인기를 끌 때에는 고배당주도 인기를 끈다. 그리고 가치주가 성장주보다 실적이 저조할 때에는 고배당주도 마찬가지로 실적이 저조하다.

다시 한 번 말하겠다. 가치주가 항상 더 나은 카테고리는 아니다. 성장주에게 주도권을 넘겨주기도 한다. 어떤 카테고리도 항상 시장을 주도하지는 못한다(9장 참조).

# 배당에는 보장이 없다!

따라서 고배당주가 변함없이 나은 것도 아니고, 변동성이나 수익률 특성이 근본적으로 다른 것도 아니다. 아울러 배당에는 보장이 없다는 사실도 중요하다. 배당을 지급하는 회사는 언제든 배당을 줄일 수 있다. 아니면 배당을 아예 없앨 수도 있다! '퍼시픽 가스 앤드 일렉트릭PG&E'은 오랜 기간 배당을 지급한 공익 기업이지만, 4년 동안 배당 지급을 중단했고, 2001년 30달러 초반이었던 주가는 2002년 5달러 수준까지 하락했다. 은행들도 2008년 신용위기 기간에 배당을 삭감했다.

배당금 지급이 회사가 건전하다는 증거라는 생각도 미신이다. 배당을 지급하는 회사는 현금이 넘쳐나므로 매우 건전하지 않겠느냐는 말이다. 따라서 배당수익률이 높을수록 더 건전한 회사로 보아야 한다는 논리다.

아니올시다. PG&E는 주가가 폭락했을 때 배당수익률이 상승했다. 이는 배당수익률이 과거에 지급한 배당금을 현재 주가로 나눈 비율이기 때문이다. 당시 배당수익률 상승은 주가가 하락한 결과였다(이후 PG&E는 배당 지급을 전면 중단했다). 지금은 사라진 리먼 브러더스Lehman Brothers는 파산 몇 주 전인 2008년 8월에도 배당을 지급했다. 배당은 안전을 보장하는 신호가 아니다.

채권 이자는 어떤가? 현금 흐름을 채권 이자에 상당 부분 의지한다면, 이는 포트폴리오에 채권 비중이 매우 높다는 뜻이다. 그러나 이런 포트폴리오로는 장기 목표를 달성하기가 어렵다.

3장에서 논의했던 금리 위험도 잊어서는 안 된다. 당신이 2012년 만기 표면금리 5%짜리 채권을 보유 중인데, 모든 조건이 비슷한 신규 발행 채권의 수익률이 겨우 1.6%라면 어떻게 할 것인가? 이 글을 쓰는 2012년 현재, 채권 수익률이 역사상 최저 수준을 기록하고 있다. 정크본드를 사지 않는 한 5% 수익률은 얻기 어려울 것이다.

배당이나 채권에서 현금 흐름을 얻는 방법에는 아무런 문제가 없다. 그러나 이들이 절대적으로 안전하다고 생각해서는 안 된다. 따라서 배당과 채권에만 전적으로 의지해서는 안 된다.

## 자가배당

포트폴리오에 배당주와 채권을 잔뜩 채우지 않고서도 현금 흐름을 얻으려면 어떤 방법이 있을까? 단, 주식을 팔고 싶지 않다면?

왜 주식을 팔지 않으려 하는가? 주식은 팔라고 있는 것이다!

이른바 자가배당homemade dividend 전략이 있다. 이는 최적 자산배분을 유지하면서 포트폴리오에서 현금 흐름을 빼내는 방법이다.

이렇게 하려면 주식을 팔아야 한다. 사람들 대부분은 보유 주식 매도를 꺼린다. 그러나 개별 종목을 사고파는 데 들어가는 비용은 매우 싸다. 포트폴리오의 자산배분을 최적으로 유지하면서 필요할 때마다 주식을 팔아 현금 흐름을 뽑아내는 일은 전혀 어렵지 않다.

자가배당을 하면 세금도 절약할 수 있다. 매매 손실을 일으켜 매매 이익 일부를 상쇄할 수도 있다. 이 방법을 쓰기 어려운 해도 있지만, 그래도 장기자본이득에 대해서는 비교적 낮은 세율이 적용된다. 아니면 결손금 이월공제로 세금 부담을 줄일 수도 있다.

잘 분산된 포트폴리오에는 항상 배당주가 포함되므로, 대개 일부 현금 흐름은 배당으로 얻게 된다. 그러나 배당주에만 의존하다가 낭패 보는 일이 있어서는 안 된다. 그리고 시간 지평과 목표에 따라 포트폴리오에 채권을 보유할 수도 있지만, 반드시 채권을 보유해야 하는 것은 아니다.

은퇴한 사람이든, 은퇴가 임박한 사람이든, 40대 장년이든, 투자자는 배당수익률보다 투자총수익(자본이득+배당)에 더 관심을 둬야 한다. 그래야 배당수익률 대신 시간 지평과 목표를 바탕으로 기준을 설정할 수 있다. 배당수익률에만 매달리면 배당주가 소외되거나 배당이 삭감되어 목표 달성이 어려워질 수도 있다. 고배당주 투자는 그다지 좋은 전략이 아니다.

THE LITTLE BOOK
OF

# MARKET
# MYTH$

## 9장

---

# 소형주가
# 항상 우월한가?

---

MARKET MYTHS

$$$

"소형 가치주가 다른 주식보다 낫지."

전문 투자자와 열혈 지지자들이 흔히 빠지는 미신이 있다. 소형 가치주가 본질적으로 우월하고, 영원무궁하도록 우월한 실적을 유지할 것이라는 믿음이다.

이는 사실이 아니다. 만일 사실이라면 우리 모두 이 사실을 알 것이며, 모든 사람이 소형 가치주에만 투자할 것이다. 그러나 다른 주식 카테고리에 대해서도 열혈 지지자들이 있다. 오로지 대형 성장주만 사는 사람도 있고, 기술주만 사는 사람도 있다. 우량주만 사는 사람이 있는가 하면, 영국의 중형 제약주만

고집하는 사람도 있다. 어느 카테고리에나 장기적으로 우월한 실적을 내줄 것으로 믿으면서, 더는 분석할 필요도 없다고 말하는 열혈 팬 집단이 있다. 그러나 아무리 이들의 애정이 깊어도, 이들의 믿음이 항상 옳을 수는 없다. 그리고 사실 이런 믿음은 모두 잘못되었다.

## 영원한 사랑인가 유행 따라가기인가?

이런 영원한 사랑에는 중요한 특징이 또 있다. 흔히 사랑이 오래가지 않는다는 사실이다. 물론 신념이 매우 강해서 소형 가치주가 장기간 부진을 면치 못할 때에도 철석같이 매달리는 추종자도 있다. 그러나 다른 카테고리에서 상당 기간 고수익이 나는 모습을 보면(1990년대 중후반의 대형 성장주, 1990년대 말의 기술주, 2000년대 중반의 금융주, 1980년대의 외국주, 1990년대의 미국주, 2000년대 말의 신흥시장 등등), 이렇게 말하는 사람들이 있다. "아하! 이 카테고리야말로 최고야! 그동안 내가 놓쳤어. 이제는 놓칠 수 없지! 이 카테고리가 결단코 최고니까, 이제부터 여기에 잔뜩 실어야겠어." 그러나 이들이 갈아타는 시점은 대개 주도주가 바뀔 무렵이어서, 결국은 막차를 타기 일쑤다. 이윽고 인기 섹터가 무너지고 이들도 뭉개진다! 그러면 이들은 자신의 잘못을 또 인정하고 한동안 시장을 주도하는 다른 카테고리가 최고라고 믿으면서 또 갈아탄다. 이는 단지 유행 따라가기일 뿐이다.

그러나 이들은 유행을 따라간다고 생각하지 않는다. 유행 따르기가 나쁘다는 사실은 누구나 알기 때문이다. 대신 이들은 자신이 합리적이라고 생각한다. 최근 X 카테고리의 실적이 장기간 우월했으므로, X 카테고리가 낫다고 보는 것이다. 물론 특정 카테고리가 장기간 시장을 능가할 수도 있다. 그러나 그렇다고 그 카테고리가 항상 우월하다는 뜻은 아니다. 단지 그 카테고리에 대해 시장 심리가 살아났거나, 한동안 펀더멘털이 실적을 뒷받침했거나, 아니면 이 두 가지가 겹쳤다는 뜻이다. 그리고 한 카테고리가 장기간 시장을 주도했다고 해서, 그 카테고리가 앞으로도 장기간 시장을 주도한다는 의미는 아니다.

예를 들어 1926년 이후 연 수익률이 S&P500은 9.9%이고, 소형주는 11.9%다.[1] 이것이 소형주가 항상 우월하다는 증거일까? 그렇지 않다. 이 실적 차이의 상당 부분은 1930년대와 1940년대에 흔했던 소형주의 막대한 매수-매도 호가 차이를 무시한 결과다(호가 차이가 매수 가격의 30%에 이르기도 했다). 당시에 실제로 소형주를 사고팔았다면, 이 비용 때문에 수익률 상당 부분이 사라졌을 것이다. 그러나 장기 지수 수익률에는 이런 사실이 드러나

지 않는다.

그리고 소형주는 약세장이 끝나면 큰 폭으로 반등하는 경향이 있다. 하락폭이 클수록 반등폭도 크다. 그러나 이런 반등은 비교적 단기에 그친다. 이렇게 소형주가 대폭 반등하는 것은 약세장 말기에 시장보다 훨씬 많이 하락했기 때문이다. 소형주의 대반등을 맛보려면 소형주의 대폭락도 겪어야 한다. 이는 심리적으로 지극히 고통스럽다. 긴 기간 중 소형주가 대폭 반등하는 기간은 몇 번에 그치지만, 대형주는 장기간에 걸쳐 전반적으로 소형주를 압도한다. 드문드문 성과가 나오는 소형주에 투자하기란 정신적으로나 심리적으로나 힘든 작업이다.

더구나 만일 약세장 바닥에서 소형주가 반등하는 시점을 정확하게 잡을 수 있다면, 그때 소형주보다 더 큰 실적을 낼 방법도 수없이 많다. 그러나 대형주가 소형주를 능가하는 기간이 매우 길어서 인내심 강한 소형주 투자자조차 미치게 할 정도다. 과거에 장기간 이어진 강세장은 대부분 대형주가 주도했다.

## 자본주의의 기본

어떤 카테고리가 본질적으로 항상 낮다고 믿는 사람은 자본주의 기본 신조를 부인하는 사람이다. 즉, 끊임없이 바뀌는 수요와 공급에 따라 가격이 결정된다는 신조를 부인하는 사람이다. 대학교 경제학원론 과목에서는 이런 수요와 공급을 열망이라고 설명했을 것이다. 가격이 바뀜에 따라 소비자들의 구매 열망(수요)은 어떻게 변화하는가? 가격이 상승하면 소비자들의 열망은 (항상 그런 것은 아니지만) 일반적으로 감소한다.

공급 역시 열망에 좌우된다. 가격이 바뀜에 따라 생산자들의 열망(공급)은 어떻게 변화할까? (항상 그런 것은 아니지만) 일반적으로 가격이 상승할수록 열망이 증가할 것이다. 어느 지점에서 소비자의 열망과 생산자의 열망이 만나면, 이것이 가격이 된다. 가격은 놀라운 기술이다. 사람들의 생각과는 달리, 가격은 소비자가 사고 생산자가 팔려는 어떤 지점에서 수천, 수만, 어쩌면 수억 가지 요소가 만나면서 형성된다(정치인들은 끊임없이 가격에 손대려고 하는데, 이는 그들이 자본가가 아니고, 자본시장의 가격 메커니즘을 이해하려는 의지도 능력도 없기 때문이다).

"항상 그런 것은 아니지만"이라고 두 번이나 말한 이유는 무엇일까? 간혹 가격이 상승했을 때 소비자들의 수요가 더 증가하는 일도 있기 때문이다. 높은 가격은 명성이나 고품질을 연상시키는 심리적 요소가 될 수도 있고, 소비자가 인식하는 다른 가치 요소가 될 수도 있다. 예를 들어 애플이 차세대 아이폰을

출시하면, 첫날 그 제품을 사려고 줄을 지어 기다리는 사람들이 있다. 3개월이나 6개월 뒤에 사도 제품은 그대로이며, 가격은 오히려 대폭 하락하기 쉬운데도 말이다. 때로는 기술 발전 덕분에 제품 원가가 하락하여 생산자들이 더 낮은 가격에 더 많이 공급하려고 한다(이것이 바로 무어의 법칙이다). 이런 현상도 소비나 생산 열망의 변화를 반영한다.

미디어와 전문가들은 주가의 움직임을 온갖 요소로 설명하려 들지만 시장에서 거래되는 다른 상품과 마찬가지로 주가도 결국 수요와 공급에 따라 결정된다.

단기적으로는 주식의 공급량이 변하지 않는다. 신규 상장과 신주 발행에는 엄청난 시간과 노력이 들어가며 규제도 많다. 그리고 훨씬 앞서서 일정이 공개된다. 현금과 부채를 동원하여 기업을 인수하거나 자사주를 매입하면 주식의 공급이 감소하지만, 이 일정 역시 훨씬 앞서서 공개된다. 기업이 파산해도 주식 공급이 감소하지만 대기업이 잇달아 파산하여 주식 공급량이 대폭 감소하는 일은 없다. 따라서 12~24개월 이내에 주식 공급량이 예상 밖으로 크게 바뀌는 일은 드물다. 그러나 수요는 변덕스러운 심리에 의해서 빠르게 바뀔 수 있다.

하지만 장기적으로는 공급이 모든 요소를 압도한다. 주식 공급은 장기적으로 거의 무한히 증가하거나 감소할 수 있으며, 그

패턴을 전혀 예측할 수 없다(신주 발행을 통해서 증가할 수도 있고, 자사주 매입이나 현금과 부채 방식 기업 인수를 통해서 감소할 수도 있다).

예를 들어 1990년대 말의 기술주처럼 X 카테고리가 관심을 끌기 시작한다고 가정하자. 투자자들이 이 카테고리로 몰리면서 수요가 증가하여 주가가 상승하는 모습이 기업가와 벤처자본가들의 눈에 들어온다. 이 카테고리에서 돈을 조달하기가 쉬워진다. 기업가들은 쉽게 자금을 조달하여 쉽게 이익을 낼 수 있다고 전망하고 이 카테고리에 진입하고자 한다. 이때 기업의 자본 조달을 지원하는 투자은행(증권사)들도 X 카테고리의 수요 증가에 주목한다. 이들은 기업가들이 신주 발행이나 채권 발행으로 자본을 조달하여 기업을 설립하도록 지원한다.

신설 회사들만 이 카테고리에 몰리는 것이 아니다. 기존 회사들도 불붙은 X 카테고리에서 나오는 이익 기회를 놓치지 않으려 한다. 이들 역시 주식이나 채권으로 자금을 조달하여 새로 사업부를 설립하거나 이 분야에 정통한 기업을 인수한다. 아니면 새 장비를 사들이거나 연구개발을 강화한다. 사업주는 장차 큰 이익을 기대하므로 기꺼이 이 사업을 벌인다. 투자자들은 이러한 장래 이익에 참여하려고 기꺼이 주식을 산다. 투자은행들은 돈벌이가 되므로 기꺼이 기업들의 주식과 채권 발행을 돕는다(이윤 동기가 사회를 이끄는 강력한 힘이란 사실을 기억하라).

투자은행들은 신설 회사와 기존 회사들의 주식을 계속해서 찍어낸다. 그러다가 어느 시점에 이르면 결국 공급이 수요를 압도하게 되고 주가가 하락한다.

주가는 천천히 하락할 때도 있고, 빠르게 하락할 때도 있다. 그러나 그 카테고리의 열기가 식어서 수요가 감소하면 투자은행들은 전처럼 주식을 많이 발행하지 않는다. 이들은 다른 인기 카테고리로 이동하여 주식 공급을 늘린다. 이제 싸늘하게 식어버린 X 카테고리에서는 기업들이 자사주를 매입하거나, 파산하거나, 다른 기업에 인수되면서 주식 초과공급 상태가 정리된다. 장기적으로 공급은 무한히 증가하거나 감소할 수 있으며, 어떤 수요 변화도 압도할 수 있다.

기업들은 항상 자본을 조달하려 하고, 투자은행들은 항상 기업의 자본 조달(또는 자사주매입과 기업 인수)을 지원하려 하므로 미래 공급량을 예측할 수는 없지만, 장기적으로는 공급이 수요를 압도한다.

수요는 이 카테고리에서 저 카테고리로 불규칙하게 떠돌아다닌다. 근본적인 이유 같은 것은 없다. 지금부터 10년 뒤에는 투자은행들이 에너지주보다 기술주를 더 많이 발행할지도 모른다. 각 카테고리의 실적은 나름의 길을 따라가겠지만, 아주 장기적으로는 매우 비슷한 수준에 도달할 것이다. 궁극적으로 장기 수익률을 결정하는 것은 공급이기 때문이다.

그림 9.1은 뒤죽박죽 섞인 누비이불 모양인데, 아무런 패턴도 보이지 않는다. 이 표는 연도별로 주요 자산 클래스의 상대실적을 보여주는 자료다. 1990년에는 소형 가치주의 실적이 최고였고, 외국 주식MSCI FAFE이 최악이었다. 그러나 이듬해에는 외국 주식이 최고였다. 하지만 순위는 계속 바뀌었다. 전년도 1위가 이듬해 1위가 된 것도 아니고, 전년도 최하위가 이듬해 1위가 된 것도 아니다. 때로는 한 스타일이 한동안 1위를 달린 다음 밑으로 깔렸다. 계속 우위를 유지한 스타일은 하나도 없었으며, 실적을 예측할 만한 패턴도 보이지 않는다.

그림 9.1이 시사하는 바가 또 있다. 당신이 인기 카테고리를 선호하지만 뚜렷한 근거가 없다면, 당신은 십중팔구 유행을 따라다니는 것이다. 이 방법이 우연히 먹힐 때도 있겠지만, 장기적으로 성공하는 전략은 아니다. 사실은 장기적으로 실패하는 전략이 되기 쉽다.

투자자는 한 카테고리와 영원한 사랑에 빠져서는 안 된다. 사랑은 현실을 못 보게 하는 일종의 편견이기 때문이다.

[그림 9.1] **항상 우월한 스타일은 존재하지 않는다**

| 1992 | 1993 | 1994 | 1995 | 1996 | 1997 | 1998 | 1999 | 2000 |
|---|---|---|---|---|---|---|---|---|
| Russell 2000 Value 29.1% | MSCI EAFE 32.6% | MSCI EAFE 7.8% | S&P/Citi Growth 39.4% | S&P/Citi Growth 25.7% | S&P/Citi Growth 33.5% | S&P/Citi Growth 41.0% | Russell 2000 Growth 43.1% | Russell 2000 Value 22.8% |
| Russell 2000 18.4% | Russell 2000 Value 23.8% | S&P/Citi Growth 3.9% | S&P 500 Index 37.6% | S&P/Citi Value 23.9% | S&P 500 Index 33.4% | S&P 500 Index 28.6% | S&P/Citi Growth 35.9% | Barclays Agg 11.6% |
| S&P/Citi Value 9.5% | Russell 2000 18.9% | S&P 500 Index 1.3% | S&P/Citi Value 37.2% | S&P 500 Index 23.0% | Russell 2000 Value 31.8% | MSCI EAFE 20.0% | MSCI EAFE 27.0% | S&P/Citi Value 6.5% |
| Russell 2000 Growth 7.8% | S&P/Citi Value 16.6% | S&P/Citi Value −0.6% | Russell 2000 Growth 31.0% | Russell 2000 Value 21.4% | S&P/Citi Value 31.5% | S&P/Citi Value 16.3% | Russell 2000 21.3% | Russell 2000 −3.0% |
| S&P 500 Index 7.6% | Russell 2000 Growth 13.4% | Russell 2000 Value −1.5% | Russell 2000 28.5% | Russell 2000 16.5% | Russell 2000 22.4% | Barclays Agg 8.7% | S&P 500 Index 21.0% | S&P 500 Index −9.1% |
| Barclays Agg 7.4% | S&P 500 Index 10.1% | Russell 2000 −1.8% | Russell 2000 Value 25.7% | Russell 2000 Growth 11.3% | Russell 2000 Growth 12.9% | Russell 2000 Growth 1.2% | S&P/Citi Value 4.7% | MSCI EAFE −14.2% |
| S&P/Citi Growth 4.5% | Barclays Agg 9.8% | Russell 2000 Growth −2.4% | Barclays Agg 18.5% | MSCI EAFE 6.0% | Barclays Agg 9.7% | Russell 2000 −2.5% | Barclays Agg −0.8% | S&P/Citi Growth −22.2% |
| MSCI EAFE −12.2% | S&P/Citi Growth 0.2% | Barclays Agg −2.9% | MSCI EAFE 11.2% | Barclays Agg 3.6% | MSCI EAFE 1.8% | Russell 2000 Value −6.5% | Russell 2000 Value −1.5% | Russell 2000 Growth −22.4% |

| | 2003 | 2004 | 2005 | 2006 | 2007 | 2008 | 2009 | 2010 | 2011 |
|---|---|---|---|---|---|---|---|---|---|
| | Russell 2000 Growth 48.5% | Russell 2000 Value 22.2% | MSCI EAFE 13.5% | MSCI EAFE 26.3% | MSCI EAFE 11.2% | Barclays Agg 5.2% | S&P/Citi Growth 34.6% | Russell 2000 Growth 29.1% | Barclays Agg 7.9% |
| | Russell 2000 47.3% | MSCI EAFE 20.2% | S&P/Citi Value 9.3% | Russell 2000 Value 23.5% | S&P/Citi Growth 10.3% | Russell 2000 Value −28.9% | Russell 2000 Growth 34.5% | Russell 2000 26.9% | S&P/Citi Growth 2.7% |
| | Russell 2000 Value 46.0% | Russell 2000 18.3% | S&P/500 Index 4.9% | S&P/Citi Value 19.7% | Russell 2000 Growth 7.1% | Russell 2000 −33.8% | MSCI EAFE 31.8% | Russell 2000 Value 24.5% | S&P 500 Index 2.1% |
| | MSCI EAFE 38.6% | S&P/Citi Value 15.3% | Russell 2000 Value 4.7% | Russell 2000 18.4% | Barclays Agg 7.0% | S&P/Citi Growth −35.5% | Russell 2000 27.2% | S&P/Citi Value 17.1% | S&P/Citi Value 0.7% |
| | S&P/Citi Value 31.6% | Russell 2000 Growth 14.3% | Russell 2000 4.6% | S&P 500 Index 15.8% | S&P 500 Index 5.5% | S&P 500 Index −37.0% | S&P 500 Index 26.5% | S&P 500 Index 15.1% | Russell 2000 Growth −2.9% |
| | S&P 500 Index 28.7% | S&P 500 Index 10.9% | Russell 2000 Growth 4.2% | Russell 2000 Growth 13.4% | S&P/Citi Value 1.9% | Russell 2000 Growth −38.5% | S&P/Citi Value 21.6% | S&P/Citi Growth 14.1% | Russell 2000 −4.2% |
| | S&P/Citi Growth 26.8% | S&P/Citi Growth 6.3% | Barclays Agg 2.4% | S&P/Citi Growth 11.4% | Russell 2000 −1.6% | S&P/Citi Value −38.9% | Russell 2000 Value 20.6% | MSCI EAFE 7.8% | Russell 2000 Value −5.5% |
| | Barclays Agg 4.1% | Barclays Agg 4.3% | S&P/Citi Growth 2.3% | Barclays Agg 4.3% | Russell 2000 Value −9.8% | MSCI EAFE −43.4% | Barclays Agg 5.9% | Barclays Agg 6.6% | MSCI EAFE −12.1% |

출처: 톰슨로이터Thomson Reuters.[2]

THE LITTLE BOOK

OF

MARKET
MYTH$

10장

확신이 설 때까지
기다려라?

MARKET MYTHS

$$\$\$\$$$

> "지금은 시장이 너무 불확실해. 기다렸다가
> 시장 흐름이 더 정상으로 돌아오면 움직여야겠어."

많이 들어본 소리인가? 당신은 이런 식으로 생각해본 적이 없는가? 아니면 누군가 이렇게 말하는 소리를 들어보았는가? 이런 식으로 생각하는 투자자가 많다. 약세장 한복판이나, 조정장이나, 심지어 정상적인 강세장에서도 변동성이 증가하면 으레 튀어나오는 말이다.

그러면 사람들이 기다리는 '정상'은 무엇일까? "지금 들어오시오!"라고 쓰인 큼직한 표지판인가? 아니면 극심한 변동성이 사라지면서 깨끗하고 단정하며 얌전하고 점진적이며 꾸준하게 상승하는 주가 흐름인가?

이런 흐름을 기다리는 투자자라면 영원히 기다리게 될 것이다. 주식은 '정상적인' 흐름을 보여야 하며 명확한 매수 신호가 나타날 것이라고 믿는다면, 이는 전적으로 미신이다. 주식은 끊임없이 변동하는 모습이 정상이다. 변동성이 클 때도 있고, 작을 때도 있지만 항상 변동한다(4장을 다시 읽어보라). 그런데도 사람들은 주식이 변동하지 않기를 바란다. 삐딱한 소리로 들리겠지만 사실이다. 금융 이론은 명확하게 밝힌다. 위험(즉, 변동성)이 없으면 높은 수익도 없다고. 주식의 단기 변동성이 작아진다면 수익도 결국 낮아질 것이다. 높은 수익률을 원하는 투자자는 높은 단기 변동성을 감수해야 한다. 그리고 낮은 단기 변동성을 원하는 투자자는 낮은 수익률을 감수해야 한다.

불확실성이 사라질 때까지 조금 더 기다려보자는 생각이 흔히 튀어나오는 시점은 주가가 가파르게 오르내리면서 고통을 안겨주는 약세장 바닥 근처다. 이 무렵 주가는 거칠게 흔들리면서 하루에 4%, 5%, 6%, 또는 그 이상 움직인다.

이때에는 불확실성이 사라질 때까지, 즉 약세장이 끝나고 새 강세장이 시작된다는 확신이 설 때까지 기다리는 편이 현명하다고 생각하기 쉽다. 이 시점에 투자자는 주식을 보유한 상태일 수도 있다. 약세장 내내 주식을 보유했다는 말이다. 그러나 최근 약세장의 거친 등락에 지친 나머지, 주가가 더 하락할까 봐 두려워진다. 일단 빠져나와서 기다리다가 더 명확한 신호가 나타나면 다시 들어가야 할까(질문: 당신은 시점 선택 능력이 그토록 뛰어난가? 그렇다면 왜 시장 고점에서 빠져나오지 못했는가?)?

아니면 투자자는 이미 시장에서 빠져나온 상태이며, 다시 들어가야 한다고 생각 중일 수도 있다. 그러면 언제 들어가야 할까? 이미 빠져나온 상태라면 다시 들어가기가 지극히 어려울 것이다. 어쩌면 빠져나오기보다도 어렵다. 그러면 약세장이 끝났다는 확신이 들 때까지 기다리는 편이 나을까?

아니다. '확실성'은 자본시장에서 가장 값비싼 요소의 하나다. 강세장에서든, 약세장에서든, 아니면 수없이 등장하는 반등장에서든 확실성의 대가는 비싸다. 그리고 직관을 거스르는 말 같지만, 실제로 위험이 가장 작은 시점은 공포감이 절정에 이르고 투자 심리가 가장 암울한 때, 바로 약세장이 바닥에 도달할 무렵이다. 확실성은 거의 예외 없이 착각이며, 그것도 매우 값비싼 착각이다.

약세장 바닥 시점을 정확하게 집어낼 수 있는 사람은 아무도 없다. 물론 운 좋게 맞출 수는 있다! 그러나 행운은 전략이 아니다. 단지 우연일 뿐이다. 최근 약세장의 거친 등락이 단기적으

로는 고통스럽겠지만, 새 강세장이 시작되는 시점을 놓쳐서는
안 된다. 새로 시작되는 강세장은 매우 빠르게 대폭 상승하면서
최근 하락 변동성에서 발생한 손실을 거의 모두 신속하게 지워
준다. 최근 약세장에서 입은 손실이 15~20%일지라도, 이는 새
강세장 초기의 반등에 비하면 십중팔구 별것 아니다.

## 시장은 모욕의 대가 The Great Humiliator

그림 10.1은 전형적인 약세장의 흐름을 보여주는데, 용수철
처럼 튀어 오르는 모습이다. 하락의 골이 깊을수록 반등의 폭도
커진다. 물론 약세장이 흔히 이중 바닥이 될 수도 있지만, 그렇
다고 반등이 약해지는 것은 아니다. 그리고 시간이 충분히 흐르
면 이중 바닥은 V자 모습을 띠게 된다.

약세장이 시작될 때에는 펀더멘털 악화가 초기 하락을 주도
한다. 사람들은 약세장이 요란하게 시작되는 것으로 생각하지
만 대개는 그렇지 않다. 요란하게 시작되는 것은 조정장이다.
얼어붙은 심리가 급락을 주도하면 거의 모든 투자자가 겁에 질
린다. "주의! 대형 약세장 접근 중!" 같은 무서운 경고문이라도
따라다닌다면 약세장에 대응하기가 훨씬 수월할 것이다. 그러

**[그림 10.1] V자 반등의 가상 사례**

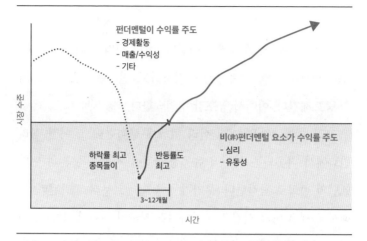

비고: 설명 목적으로 만든 자료일 뿐, 실제 사례가 아님. 예측으로 보면 안 됨.

나 강세장 정점은 대개 계속 이어지는 것처럼 보이고, 새 약세장은 서서히 다가오기 때문에 수많은 사람이 함정에 빠지고 만다. 약세장은 약세장처럼 보이지도 느껴지지도 않는다. 강세장에서도 나타나는 변동성 높은 횡보 국면처럼 보일 뿐이다!

　나는 주식시장을 '모욕의 대가The Great Humiliator: TGH'라고 부른다. TGH의 목표는 최대한 많은 사람에게, 최대한 장기간 모욕을 줘서, 최대한의 손실을 입히는 것이다. TGH가 즐겨 쓰는 속임수는 강세장 정점을 이어감으로써 사람들이 안전하다고 착각하도록 유도하는 것이다. 갑자기 요란하게 시장이 폭락하면 사람들이 약세장을 너무 쉽게 파악하고 달아나므로 모욕할 기회가 사라지기 때문이다.

요란한 폭락은 후반에 일어난다. 어느 시점에 이르면(2008년 가을 금융위기 기간처럼) 유동성이 감소하고, 펀더멘털보다 심리가 더 중요해진다. 이어서 공포감이 엄습한다.

그러나 공포감은 대개 심리 현상에 불과한데도, 이런 심리 변화에서 비롯되는 일시적 유동성 부족을 사람들은 흔히 펀더멘털의 변화로 착각한다. 주가가 종종 현실로부터 괴리된다. 그래서 약세장 바닥 시점을 파악하기란 지극히 어렵다. 심리는 어떤 방식을 동원해도 정확한 측정이 어렵다. 게다가 심리는 빠르게 바뀐다. 그래서 새 강세장이 시작될 때에도 시장은 V자의 오른편처럼 빠르게 상승한다.

## V자 반등

사람들은 새 강세장이 시작되어 한참 지난 다음에도 이 사실을 믿지 않는다. 특히 강세장 초기에는 이렇게 말한다. "모든 상황이 이토록 나쁜데, 이게 무슨 강세장이야?"

실제로도 모든 상황이 매우 나쁠 것이다. 강세장은 흔히 경제 침체가 바닥에 도달하기 전에 시작된다. 주가는 상황이 개선될 때 급등하는 것이 아니다. 모두가 대충돌을 예상하고 있었는데 어느 시점에 이르러도 대충돌이 발생하지 않고, 현실이 생각만큼 심각하지는 않다는 사실을 사람들이 깨닫는 순간, 주가가 급등한다. 공포감이 과도했던 것이다. 주가를 무겁게 짓눌렀던 심리가 조금만 풀려도 주식은 총알처럼 날아오를 수 있다. 대개 새 강세장 초기의 상승세는 그 속도와 모양이 약세장 말기의 폭락세와 맞먹는다. 이것이 이른바 'V자 반등' 효과다. (V자 반등에는 공통점이 또 있다. 약세장 말기에 심리가 얼어붙어 가장 많이 하락한 카테고리가, 대개 새 강세장 초기에 가장 많이 반등한다. 자세한 내용은 『켄 피셔, 투자의 재구성Debunkery』 19장 참조.) 이는 이론이 아니라 실제로 과거 V자 반등에 줄곧 나타난 현상이다. 그림 10.2~그림 10.5는 과거 V자 반등 사례 중 일부다. 때로는 약세장이 끝나면서 W자 이중 바닥을 만들기도 한다(두 바닥이 몇 달 간격으로 형성된다). 이 바닥이 매우 단기적으로는 W자로 보이지만, 시간이 흐르면 W자의 바닥 모습이 점점 작아지면서 V자 패턴으로 바뀌게 된다.

어리석게도 불확실성이 사라지길 기다리다가 초기 V자 반등이 주는 막대한 수익을 놓치면, 이는 이전 약세장에서 입은 손실을 만회할 기회가 사라지는 셈이다. 아울러 벤치마크 대비 실적도 뒤처지게 된다. 우리 두뇌 중 조상으로부터 물려받은 부

[그림 10.2] 실제 V자 반등 - 1942년

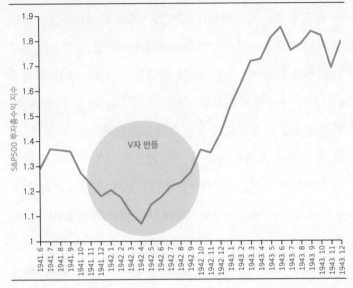

자료: 글로벌 파이낸셜 데이터Global Financial Data, Inc., 2012년 10월 25일 기준. S&P500 투자총수익 지수(S&P 500 Total Return Index, 월별 데이터), 1941. 6. 30~1943. 12. 31.[1]

위에서는 이렇게 말한다. "어이구! 지수가 엄청나게 내렸어! 더 내리기 전에 피하자!" 우리가 이 말을 따르면 잠깐은 불안감을 덜어낼 수 있다. 그러나 강세장 초기 V자 반등이 주는 막대한 수익은 날려 보내게 된다.

V자 바닥은 양쪽 모두 변동성이 크다. 우리를 괴롭히는 변동성이 어느 쪽인지, 즉 약세장 말기의 변동성인지 강세장 초기의 변동성인지는 지나간 다음에야 알 수 있다. 그러나 강세장 초

**[그림 10.3] 실제 V자 반등 - 1974년**

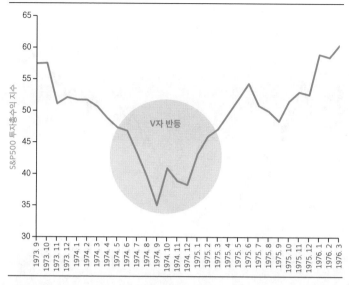

출처: 글로벌 파이낸셜 데이터Global Financial Data, Inc., 2012년 10월 25일 기준. S&P500 투자총
수익 지수(S&P 500 Total Return Index, 월별 데이터), 1973. 9. 30~1976. 3. 31.[2]

기 수익률을 놓치면 후회하게 된다. 표 10.1은 초기 수익률이 얼
마나 큰지 보여준다. 첫 3개월의 평균 수익률은 21.8%이고, 첫
12개월의 평균 수익률은 44.8%다. 게다가 정도의 차이는 있어
도 새 강세장의 첫 12개월 동안은 항상 빠르게 상승하는 모습이
유지된다. 강세장의 평균 수익률은 연 21%이지만[5], 강세장 첫
해의 평균 수익률은 그 두 배가 넘는다!

그리고 첫해 수익의 거의 절반이 (항상 그런 것은 아니지만) 첫

**[그림 10.4] 실제 V자 반등 - 2002년**

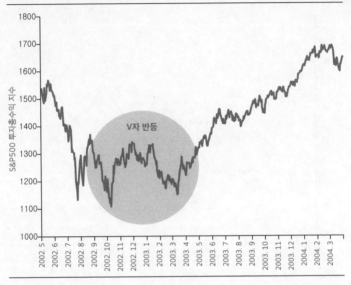

자료: 글로벌 파이낸셜 데이터Global Financial Data, Inc., 2012년 10월 25일 기준. S&P500 투자총수익 지수(S&P 500 Total Return Index, 일별 데이터), 2002. 5. 31~2004. 3. 31.[3]

3개월에 나온다! 이때에도 시장은 교활하다. 약세장 말기처럼 강세장 초기에도 변동성을 키워서, 대형 강세장이 절대 오지 않을 것으로 사람들이 착각하도록 유도한다. 이것도 TGH(모욕의 대가)가 즐겨 쓰는 기만전술이다. V자 바닥의 오른쪽도 왼쪽처럼 변동성을 높여서 투자자들을 좌절시키는 것이다. V자 바닥은 거의 예외 없이 1년 동안 유지된다.

거의 모든 강세장이 이런 식으로 시작된다. 과거를 돌아보

[그림 10.5] 실제 V자 반등 - 2009년

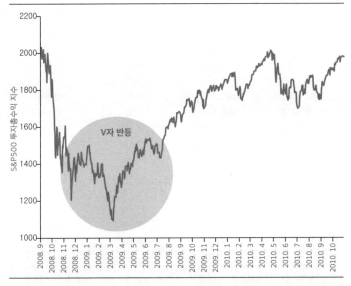

자료: 글로벌 파이낸셜 데이터Global Financial Data, Inc., 2012년 10월 25일 기준. S&P500 투자총수익 지수(S&P 500 Total Return Index, 월별 데이터), 2008. 9. 30~2010. 10. 31.[4]

면 알 수 있다. 그런데도 사람들은 V자 반등 대신, 고통스럽도록 길게 이어지는 L자 흐름을 기대한다. 그렇다면 선진 시장의 역사에서 그런 사례를 세 개만 찾아보기 바란다. 실제로는 유럽에서 제2차 세계대전이 시작되어 세계적인 강세장이 L자 불황으로 바뀐 사례는 단 하나뿐이다. 1938년에 시작된 이 강세장은 1939년 나치가 수데텐란트를 침공한 직후 끝났다. 이후 주가는 1942년이 되어서야 바닥을 치고 제대로 상승했다.

**[표 10.1] 새 강세장 첫 3개월과 첫 12개월 수익률 - S&P500**

| 강세장 시작 | 강세장 종료 | 첫 3개월 수익률 | 첫 12개월 수익률 |
|---|---|---|---|
| 1932. 6. 1 | 1937. 3. 6 | 92.3% | 120.9% |
| 1942. 4. 28 | 1946. 5. 29 | 15.4% | 53.7% |
| 1949. 6. 13 | 1956. 8. 2 | 16.2% | 42.0% |
| 1957. 10. 22 | 1961. 12. 12 | 5.7% | 31.0% |
| 1962. 6. 26 | 1966. 2. 9 | 7.3% | 32.7% |
| 1966. 10. 7 | 1968. 11. 29 | 12.3% | 32.9% |
| 1970. 5. 26 | 1973. 1. 11 | 17.2% | 43.7% |
| 1974. 10. 3 | 1980. 11. 28 | 13.5% | 38.0% |
| 1982. 8. 12 | 1987. 8. 25 | 36.2% | 58.3% |
| 1987. 12. 4 | 1990. 7. 16 | 19.4% | 21.4% |
| 1990. 10. 11 | 2000. 3. 24 | 6.7% | 29.1% |
| 2002. 10. 9 | 2007. 10. 9 | 19.4% | 33.7% |
| 2009. 3. 9 | ???? | 39.9% | 68.6% |
| **평균** | | **21.8%** | **44.8%** |

자료: 글로벌 파이낸셜 데이터Global Financial Data, Inc., 2012년 10월 25일 기준. 2007년 10월 9일까지 마무리된 모든 강세장의 수익률을 계산하여 S&P500 주가지수 상승률 평균을 도출함.

주가가 바닥에 도달한 다음에도 급등하지 않는다고 믿는 사람은 그렇게 생각하는 확실한 근거가 있어야 한다. 한쪽에서는 공산 소련이 위세를 떨치고, 한쪽에서는 나치가 세계를 정복하겠다고 위협하던 기간만이 V자 반등을 가로막은 유일한 사례였다. 그리고 이런 상황은 단지 반등 시점을 뒤로 미뤘을 뿐이다. 1942년 바닥을 찍은 다음, 주가는 V자의 우변을 만들어내며 반등했다. 주가는 다시 튀어 오른다. 이는 미신이 아니다.

THE LITTLE BOOK
OF
MARKET
MYTH$

## 11장

# 손절매가
# 손실을 막아준다?

$$$

---

## "손절매가 내 손실을 막아줄 거야!"

손절매는 명칭부터 그럴싸하게 들린다. 손실을 막고 싶지 않은 사람이 어디 있겠는가? 그러나 유감스럽게도 손절매는 손실을 막아주지 못한다. 오히려 세금과 거래 비용만 높이는 경향이 있다. 게다가 손실을 막을 때보다 이익을 막을 때가 더 많다. 장기적으로는 돈을 날리는 기법이다. 이 값비싼 미신에 빠져들어서는 안 된다.

손절매도 유행을 탄다. 강세장 말기에는 손절매 이야기가 많이 들리지 않는다. 투자의 대가 존 템플턴 경Sir John Templeton의 유

명한 말이 있다. "강세장은 비관론 속에서 태어나 회의론을 먹고 자라며, 낙관론 속에서 무르익은 다음 도취감에 빠져 죽음을 맞이한다." 손절매를 지지하는 사람들은 시장 주기에 상관없이 존재하지만 주로 비관론과 회의론이 팽배할 때 증가한다. 특히 하락 변동성은 나빠도 상승 변동성은 아예 변동성이 아니라고 생각하는 사람들이 손절매에 매력을 느낀다. 그러나 4장에서 논의했듯이 하락 변동성을 떠안을 때에만 상승 변동성도 얻을 수 있다.

## 손절매의 역학

특별한 지식이 없는 사람들이 보기에 손절매는 기계적 방법론에 불과해서, 주가가 일정 수준 하락하면 주식(또는 채권, ETF, 펀드, 시장지수 등)을 자동으로 팔아달라는 주문과 같다.

하락폭은 당신이 정하기에 달렸다! 손절매에 '적정' 하락폭 같은 것은 없다(특정 하락폭이 장기 실적을 개선해주는 것으로 입증된 바가 없기 때문이다). 사람들은 대개 10%, 15%, 20% 같은 어림수를 선택한다. 특별한 이유는 없다. 단지 사람들이 어림수를 좋아할 뿐이다. 깔끔하게 딱 떨어지니까. 11.385%나 19.4562%로 정할 수도 있지만 그렇게는 하지 않는다. 20%가 19.4562%보다 낮다는 통계적 이유가 없는데도 말이다.

사람들은 손절매가 폭락에서 오는 대량 손실을 막아준다고 생각한다. 그래서 주가가 하락해서 손절매 기준에 도달하면 주식을 무조건 판다. 따라서 보유 주식이 80% 폭락하는 재난은 발생하지 않는다. 매력적인 말처럼 들린다! 손절매를 원치 않을 사람이 어디 있을까?

그러나 사람들의 기대와는 달리 손절매는 손실을 막아주지 못한다.

손절매가 효과가 있다면 모든 전문가가 손절매를 사용할 것이다. 손절매가 하락 위험을 제한하여 이익을 높여준다면, 이는 펀드매니저들이 꿈꾸는 기법이다. 고객들에게 돈을 더 많이 벌어주고, 고객들이 돈을 더 많이 벌면 펀드매니저들도 돈을 더 많이 번다. 모두가 함께 승리하는 게임이다! 하지만 내가 알기에는 장기간 성공을 거둔 주요 펀드매니저는 물론, 일시적으로 성공한 펀드매니저 중에도 손절매를 사용하는 사람이 없다. 물론 금융회사 영업직원들은 틀림없이 손절매를 권유할 것이다. 손절매가 실적을 높여주기 때문이 아니다(십중팔구 높여주지 않는다). 손절매는 매매 횟수를 늘려주므로, 매매 실적에 따라 보수를 받는 직원들에게는 손절매가 훌륭한 돈벌이 수단이기 때문이다. 따라서 손절매는 영업직원에게만 이로운 기법일 뿐 고객에게는 도움이 되지 않는다.

## 주가에는 계열 상관이 없다

손절매가 효과적이라고 믿으려면 주가에 계열 상관이 존재한다고 믿어야 한다. 주가에 계열 상관이 존재한다는 것은 과거 주가 흐름을 보고 미래 주가 흐름을 예측할 수 있다는 뜻이다. 즉, 하락하는 주식은 계속 하락하고, 상승하는 주식은 계속 상승한다는 의미다.

이런 개념을 바탕으로 투자하는 방식을 모멘텀 투자라고 부른다. 현실의 수많은 실증 사례나, 학계의 방대한 연구 결과와는 반대로, 이들은 주가 흐름을 예측할 수 있다고 믿는다. 그래서 이들은 상승 종목을 사고 하락 종목을 판다. 그리고 차트에서 패턴을 찾는다. 그러나 모멘텀 투자자들의 평균 실적은 다른 투자자보다 나을 바가 없다. 사실은 대부분 더 나쁘다. 당신은 전설적인 모멘텀 투자자 다섯 사람의 이름을 댈 수 있는가? 나는 한 사람도 알지 못한다.

손절매와 모멘텀 투자는 아무 효과가 없다. **주가에는 계열 상**

관이 존재하지 않기 때문이다. 어제의 주가 흐름은 오늘이나 내일의 주가에 전혀 영향을 주지 않는다.

주식이 일정 비율(5%, 7%, 10%, 15%, 19.4562%) 하락한다고 해서 계속 하락하는 것도 아니다. 그런데도 손절매 지지자들은 계속 하락하는 것처럼 행동한다. 잘 생각해보라. 당신은 잔뜩 오른 종목만 사겠는가? 직관적으로도 이 방법이 소용없음을 알 것이다. 주식은 장기간 상승할 때도 있지만 하락할 때도 있고, 횡보할 때도 있다. 한 번 상승한 종목이 반드시 계속해서 상승하지는 않는다는 점을 사람들 대부분이 잘 알 것이다.

그러나 손절매는 우리 두뇌 중 동굴에 살던 조상에게서 물려받는 부위를 자극한다. 이 부위는 이익에서 얻는 기쁨보다 손실에서 겪는 고통에 훨씬 민감하다(이른바 근시안적 손실 회피). 하지만 이런 본능적 반응을 따르면 투자에서 손해 볼 때가 훨씬 많다. 동굴에 살던 원시인처럼 투자하고 싶은 사람이 어디 있겠는가?

## 손절매 기준을 마음대로 선택해보라

금융계 표준 위험 고지문에서는 "과거 실적이 미래 실적을 보장하는 것은 아닙니다"라는 주의 문구나 나의 만류에도 불구하고 당신이 한사코 손절매를 원한다고 가정해보자. 손절매 기준을 어떻게 정하겠는가? 그 이유는? 20이란 숫자가 마음에 들어서 20%를 선택했다고 가정하자(다른 숫자를 선택해도 근거가 없기는 마찬가지다). 주가가 이 기준을 초과해서 하락하면 손절매가 발동하여 주식이 자동으로 매도된다.

그러나 이후 계속 하락할 확률과 반등할 확률은 기본적으로 반반이다. 이는 동전을 던져 매매를 결정하는 것과 같다. 그리고 동전 던지기는 좋은 투자 기법이 아니다.

손절매를 하는 사람은 다음과 같은 생각을 하지 않을 것이다. "이 주식은 왜 20% 하락했을까? 시장 전체가 조정을 20% 받으면서 이 주식도 그만큼 하락한 것인가?"

시장에서는 매년 한 번 정도 조정이 일어난다. 어떤 종목이 전체 시장과 함께 하락한다면 그것은 그 종목의 잘못이 아니다. 이때에는 손절매가 손실을 막아주는 것이 아니다. 단지 낮은 가격에 주식을 팔고, 거래 비용을 추가로 부담하게 할 뿐이다. 이 때문에 시장이 반등하여 신고가를 기록할 때, 당신은 현금을 들고 있을지도 모른다. 이는 비싸게 사서 싸게 파는 행위다.

그러면 다음에는 어느 종목을 살 것인가? 다음에 사는 종목도 20% 하락하여 또 손절매하게 될지 모른다. 이런 일이 되풀

이된다. 사는 종목마다 20% 이상 하락하여 결국 자금이 바닥난다. 손절매한 다음에 다른 주식을 사도 그 종목이 꼭 상승한다는 보장은 없다. 게다가 처음에 손절매에 걸려 자동으로 매도한 종목이 이듬해에는 반등하여 80% 이상 상승할 수도 있다. 손에 들어왔던 대박을 놓친 셈이다! 거래 비용만 두 번 치르고 저가에 팔아버린 탓에 막대한 수익 기회를 날려 보냈다. 당신은 문제가 해결되면 다시 사들이겠다고 다짐할지 모르지만 이런 말은 '허튼소리'다. 자동으로 팔아버린 종목을 무슨 근거로 다시 사들인다는 말인가? 그 종목의 문제가 언제 해결될지 확실히 알 수 있다면 손절매 따위는 처음부터 필요 없다. 사실 당신은 이미 엄청난 부자가 되어서 이 책을 읽을 필요도 없을 것이다.

손절매를 다른 각도에서 볼 수도 있다. 당신이 50달러에 산 A 주식이 100달러로 상승했다고 가정하자. 이때 친구 밥이 100달러에 이 종목을 사자, 곧 20% 하락하여 80달러가 되었다. 당신과 밥 둘 다 이 종목을 팔아야 하는가? 아니면 밥만 팔면 되는가? 밥에게는 20% 하락이지만, 당신에게는 아직 60% 상승한 가격이다. 그러면 이 종목이 당신에게는 아무 문제없지만 밥에게는 문제가 있다는 뜻인가? 그 이유는?

이것이 손절매의 문제다. '그냥'이라는 말 외에는 마땅한 이유가 없다. '그냥'은 전략이 아니다.

손절매가 손실을 막아준다는 보장은 없다. 오히려 수익을 놓칠 가능성을 높이고, 거래 비용만 확실히 늘릴 뿐이다. 그래서 주식 중개인들은 줄기차게 손절매를 권유한다. 손절매가 실적을 높여준다는 증거는 없는 반면 실적을 낮춘다는 증거는 수없이 많다. 따라서 더 어울리는 명칭은 익절매益切賣다. 당신은 이익을 막으려는가?

12장

# 실업률이 상승하면
# 주가가 하락한다?

M A R K E T   M Y T H S

$$$

**"높은 실업률이 주식시장을 억누르는 거야."**

이는 투자 분야에서 가장 고질적인 미신에 속한다. 이념이나 신조에 관계없이 누구나 연방 부채가 본질적으로 나쁘다고 생각하는 미신(13장 참조)과 맞먹을 정도다.

정치인은 누구나 높은 실업률이 경제에 나쁘고, 따라서 주식시장에도 나쁘다고 말한다(그러나 절대 자신의 탓이 아니라 상대 정당 탓이라고 주장한다). 정치인들은 이구동성으로 높은 실업률이 경제를 망가뜨린다고 고집스럽게 말한다.

그러나 이는 본말이 전도된 주장이다. 실직자와 그 가족이

큰 고통을 당하므로, 우리는 원하는 사람 누구나 쉽게 일자리를 얻을 수 있기를 바란다. 그러나 우리가 이렇게 바라더라도 실업률이 예나 지금이나, 그리고 미래에도 후행 지표라는 사실은 바뀌지 않는다. 다시 말해서 실업률은 높든 낮든 과거 경제활동이 빚어낸 결과이지 미래 경제의 방향을 좌우하는 요소는 아니다. 실업률이 낮다고 해서 경제가 성장하는 것도 아니고, 실업률이 높다고 해서 경제가 침체하는 것도 아니다. 반대로 경제가 성장할 때 일자리가 증가하고, 경제가 침체할 때 일자리가 감소하는 것이다.

이는 정치인이 아니라 CEO의 관점에서 생각해보면 쉽게 이해할 수 있다.

## CEO의 관점에서 생각하라

당신이 ABC 주식회사의 CEO라고 가정하자. 회사의 이익이 4~5년 꾸준히 증가한 다음, 매출이 감소하기 시작한다. 처음에는 매출 감소 속도가 느려서 그럭저럭 헤쳐 나갈 수 있다고 생각한다.

먼저 비용 절감에 착수한다. 직원들에게 항공편으로 직접 찾아가서 새 고객을 만나는 대신 통신수단을 이용하라고 지시한다. 사업 확장 계획도 연기한다. 매출이 더 가파르게 감소하자 비용을 더 절감한다. 마침내 당신은 매출이 단기간에 회복되지 않을 것이라고 인정한다. 공식적인 경기 침체가 진행 중인지는 알 수 없다(미국은 전미경제연구소National Bureau of Economic Research가 사후적으로 공식적인 경기 침체 기간을 발표한다). 그러나 당신은 사업의 흐름을 파악하고 있으며, 공급자들에게서 들은 이야기를 바탕으로 침체가 장기간 이어질 수 있다고 판단한다.

이제 절감할 수 있는 비용은 모두 절감했으므로, 당신은 마지막 비용 절감 수단인 해고를 생각해야 한다. 내키지는 않지만 회사를 살리려면 직원 수를 줄여야만 한다.

고용주들도 해고를 원치 않지만 정치인들은 이 사실을 전혀 이해하지 못한다. 고용주들은 함부로 해고를 결정하지 않는다. 그러나 직원 수를 줄이지 않으면 회사가 위험에 처한다. 회사가 파산하면 실업자는 훨씬 더 늘어난다. 하지만 회사가 침체기를 견뎌내면 나중에 직원들을 다시 고용할 수 있다.

그래서 당신은 해고를 단행한다. 아마도 3, 4, 혹은 5개 분기 고전을 한 다음, 매출이 조금씩 증가하기 시작한다. 매출이 과거 최고 기록에는 한참 못 미치지만, 직원 수를 줄인 덕분에 수익이 계속 좋아지고 있다.

다시 고용을 시작해야 할까? 아니다! 그러다간 이사회가 당신을 해고할 것이다. 첫째, 매출 증가가 일시적인 현상일지도 모른다. 게다가 직원들이 현재 매출을 잘 소화해내고 있다. 사실은 기대 이상이다. 이들은 인원 감소에 대응하여 업무 처리 방식을 혁신했다. 바로 이것이 침체기가 가져다주는 긍정적 측면이다. 줄어든 인원으로 업무를 소화하는 과정에서 기업들의 생산성이 대폭 향상된다. 그리고 이러한 생산성 향상 덕분에 주요 부문에서 매출이 조금만 증가해도 이익은 대폭 증가한다.

이렇게 몇 분기가 지나가지만 당신은 여전히 고용을 늘리지 않는다. 매출은 증가하고 있으나 아직 완전히 회복된 수준은 아니다. 이익은 적잖이 나오고 있지만 드물게 나타나는 이중 침체에 대비해서 지출을 자제한다. 현금을 충분히 확보해두면 앞으로 이중 침체가 찾아오더라도 쉽게 버텨낼 수 있다.

마침내 매출이 상승 추세를 유지할 것이라는 믿음이 더 강해진다. 어쩌면 전미경제연구소는 공식적인 경기 침체 기간이 몇 분기 전에 끝났다고 나중에 발표할지도 모른다. 그래도 당신은 서둘러 정규직 근로자들을 고용하지 않는다. 아마 고용하기도 쉽고 상황이 악화하면 해고하기도 쉬운 계약직 근로자들부터 뽑기 시작할 것이다. 이어서 직원 수를 대폭 늘리지 않으면 향후 매출 증가를 감당하기 어렵다고 확신하는 시점에 당신은 정규직 채용을 본격적으로 늘리기 시작한다.

이렇게 보면 경기 침체가 끝날 때까지 실업률이 감소하지 않는 현상이 이해된다. 그리고 경기가 바닥을 치고 회복 단계에 들어간 다음에도 한동안 실업률이 더 증가하거나 유지되는 현상에 수긍이 간다.

## 실업률은 후행 지표

이는 이론에 그치지 않는다. 그림 12.1과 12.2는 과거 실업률과 침체의 관계를 보여준다(실업률과 침체의 관계가 뚜렷이 드러나도록 분석 기간을 둘로 나누었다). 전체 기간을 통틀어 보아도 침체가 끝나기 전에 실업률이 하락한 적은 한 번도 없었다. 반면에 침체가 끝난 다음에는 흔히 실업률이 증가했고, 이후 몇 달이나 심지어 몇 년까지 높은 상태로 유지되었다. 이는 비정상이 아니라 정상이며, 마땅히 예상해야 하는 현상이다. 침체가 끝나기도 전에 실업률이 하락한다면 오히려 경제 펀더멘털에 역행하는 기묘한 현상이 되는 것이다. 그런데도 정치인과 전문가들은 엉뚱한 주장을 펼친다!

그러나 아무 신문이나 펼쳐 보면, 정말로 실업률이 낮아야

[그림 12.1] **실업률과 침체, 1929~1970**

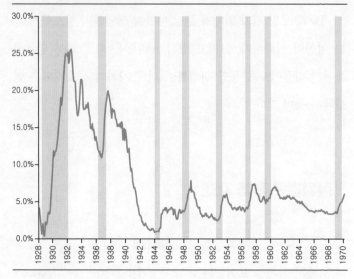

자료: 글로벌 파이낸셜 데이터Global Financial Data, Inc., 2012년 9월 26일 기준. 톰슨로이터 Thomson Reuters, 미국 노동통계청US Bureau of Labor Statistics, 전미경제연구소National Bureau of Economic Research, 1928. 12. 31~1970. 12. 31.

경제가 성장한다고 착각할 정도다. 만일 정말로 실업률이 낮을 때 경제가 성장한다면, 낮은 실업률은 성장을 영속시키는 기계가 될 것이다. 그러나 현실은 그렇지 않다. 침체는 항상 실업률이 주기상 저점 근처에 도달했을 때 시작된다. 낮은 실업률이 성장을 이끌어내는 만병통치약이라면 이런 현상은 벌어지지 않을 것이다. 데이터에 의하면 낮은 실업률이 침체를 막아주는 것도 아니고, 높은 실업률이 성장을 가로막는 것도 아니다. 높

[그림 12.2] **실업률과 침체, 1971~2012**

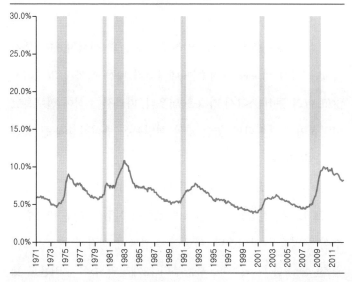

자료: 톰슨로이터Thomson Reuters, 미국 노동통계청US Bureau of Labor Statistics, 전미경제연구소
National Bureau of Economic Research, 1970. 12. 31~2012. 6. 30.

은 실업률이 아무리 고통스럽고 사회에 미치는 영향이 심각하
더라도, 성장이 실업률을 낮춘다는 사실은 바뀌지 않는다.

투자자라면 실업률이 주식시장에 미치는 영향에도 주목해야
한다. 사람들은 높은 실업률이 주식시장에 악재라고 생각한다.
그러나 이렇게 판단하는 사람은 주식의 속성과 흐름을 제대로
이해하지 못한 사람이다.

## 주식은 경기보다 먼저 상승한다

주식시장은 경제 흐름을 알려주는 최고의 선행지표다. 투자자들은 경제 회복을 알려주는 데이터가 나올 때까지 기다리지 않고 미리 주식을 사서 가격을 띄운다. 따라서 주식이 선행하고 실업률이 후행한다면, 높든 낮든 실업률은 주식시장에 큰 영향을 줄 수 없다.

내 말을 무조건 받아들이지 말고 과거 데이터를 확인해보라. 표 12.1은 실업률이 정점에 이르렀던 시점과 이후 12개월의 주식 수익률을 보여준다. 아울러 실업률이 정점에 이르기 6개월 전(실업률이 계속 증가하던 시점)부터 12개월의 주식 수익률도 보여준다. 실업률 정점 도달 이후 12개월의 주식 수익률은 평균 14.8%였다. 꽤 양호한 수익률이다! 그러나 정점 도달 6개월 전에 주식을 샀다면, 이후 12개월의 수익률은 무려 31.2%였다. 두 배가 넘는 실적이다!

그러나 이것은 예측 기법이 아니다. 실업률이 정점에 도달하는 시점은 알 수가 없다(따라서 실업률 정점 6개월 전이 언제인지도 알 수 없다). 내가 알기에는 이 시점을 찾아낸 사람도 없고, 시도한 사람도 없다. 그렇더라도 이 자료는 실업률이 높고 계속 상승하는 중에도 주가가 상승할 수 있고, 실제로 상승한다는 사실을 보여

**[표 12.1] 실업률과 S&P500 수익률(주가는 선행, 실업률은 후행)**

| 실업률<br>정점 | 이후 S&P500의<br>12개월 수익률 | 실업률 정점<br>6개월 전 | 이후 S&P500의<br>12개월 수익률 |
|---|---|---|---|
| 1933. 5. 31 | 3.0% | 1932. 11. 30 | 57.7% |
| 1938. 6. 30 | -1.7% | 1937. 12. 31 | 33.2% |
| 1947. 2. 28 | -4.3% | 1946. 8. 30 | -3.4% |
| 1949. 10. 31 | 30.5% | 1949. 4. 30 | 31.3% |
| 1954. 9. 30 | 40.9% | 1954. 3. 31 | 42.3% |
| 1958. 7. 31 | 32.4% | 1958. 1. 31 | 37.9% |
| 1961. 5. 31 | -7.7% | 1960. 11. 30 | 32.3%% |
| 1971. 8. 31 | 15.5% | 1971. 2. 26 | 13.2% |
| 1975. 5. 30 | 14.3% | 1974. 11. 29 | 36.2% |
| 1980. 7. 31 | 12.9% | 1980. 1. 31 | 19.3% |
| 1982. 12. 31 | 22.5% | 1982. 6. 30 | 61.1% |
| 1992. 6. 30 | 13.6% | 1991. 12. 31 | 7.6% |
| 2003. 6. 30 | 19.1% | 2002. 12. 31 | 28.7% |
| 2009. 10. 31 | 16.5% | 2009. 4. 30 | 38.8% |
| **평균** | **14.8%** | | **31.2%** |

자료: 미국 노동통계청US Bureau of Labor Statistics, 글로벌 파이낸셜 데이터Global Financial Dat a, Inc., 2012년 9월 26일 기준. S&P500 투자총수익 지수(S&P 500 Total Return Index)[1]

준다. 높은 실업률이 주식시장에 악재라는 근거는 없다. 오히려 그 반대다! 실업률은 대개 침체가 끝나기 직전이나 직후에 높기 때문이다. 그리고 주식은 가장 먼저 재빠르게 움직인다(10장 참조).

이런 사실을 확인할 수 있는 데이터가 풍부한데도 이런 미신이 만연하다는 사실이 놀랍다. 그 이유가 무엇일까?

첫째, 사람들은 '모두가 아는 일'이 실제로 옳은지 확인하지 않는다. 이는 자신을 의심하는 것과 같아서 달갑지 않기 때문이다. 혹시라도 미신으로 밝혀지면 바보가 된 기분일 텐데, 이는 정말로 원치 않는 결과다.

둘째, 직관적으로는 높은 실업률이 경제에 나쁜 것처럼 느껴진다. 여기에는 소비 수요가 경제를 주도한다는 생각이 깔려 있다.

어떤 면에서는 실제로 그렇다. 현재 소비 지출은 GDP의 71%를 차지한다.[2] 그러나 사람들은 성장 대부분이 어디에서 오는지를 착각한다.

실업자가 많아지면 사람들의 재량소득이 감소하고, 따라서 경제가 타격을 받으며, 나아가 주식도 타격을 입는다. 옳은 말인가? 그러나 2009년 경제가 바닥에 가라앉은 이후에도 미국의 소비 지출은 꾸준히 증가하여, 2010년 12월 이후에는 침체 이전의 정점보다도 높은 수준을 유지하고 있다.[3] 그런데도 실업률은 여전히 전보다 높은 상태다. 어찌 된 일인가?

## 소비 지출은 놀라울 정도로 안정적

사실 미국의 소비 지출은 놀라울 정도로 안정적이다. 침체기에도 많이 감소하지 않으므로 회복기에도 많이 증가할 이유가

[표 12.2] **민간 소비의 구성(서비스의 비중이 크고 안정적)**

| | 소비에서<br>차지하는 비중<br>(2009년 2분기) | 2008. 1분기~<br>2009. 2분기<br>실질 성장률 |
|---|---|---|
| GDP | | -4.9% |
| 개인 소비 지출 | 100% | -3.4% |
| **내구재** | **10.6%** | **-13.1%** |
| 자동차와 부품 | 3.5% | -214% |
| 가구와 내구 가정용품 | 2.4% | -13.8% |
| 오락용품과 탈것 | 3.2% | -5.2% |
| 기타 내구재 | 1.6% | -9.6% |
| **비내구재** | **22.2%** | **-3.7%** |
| 가정 소비용 음식료 | 7.5% | -3.7% |
| 의류와 신발 | 3.2% | -2.9% |
| 기타 비내구재 | 8.2% | -2.4% |
| 서비스 | 67.2% | -1.5% |
| **가정 소비 (서비스에 대한) 지출** | **64.4%** | **-1.8%** |
| 주거, 전기와 수도 등 | 18.9% | 1.7% |
| 건강관리 | 16.3% | 3.4% |
| 운송 서비스 | 2.9% | -13.5% |
| 오락 서비스 | 3.7% | -5.8% |
| 음식 서비스와 숙박 | 6.1% | -5.7% |
| 금융 서비스와 보험 | 7.4% | -8.5% |
| 기타 서비스 | 9.0% | -3.2% |
| **가정에 서비스하는 비영리** | **2.8%** | **6.5%** |
| **기관의 최종 소비 지출** | | |

자료: 미국 경제분석국Bureau of Economic Analysis, 2009년 2분기 GDP '3차 추정' 명목 가치를 기준으로 계산한 소비 비율, 2012년 10월 26일 최종 수정.

없다. 이는 소비 지출의 대상 대부분이 기본 식료품과 필수 서비스이기 때문이다. 경제가 어려운 기간에도 우리는 여전히 치약과 처방약을 산다. 그리고 보험, 주거, 전기 및 수도 등 서비스에도 여전히 비용을 지출한다. 물론 유명 상표 치약을 이름 없는 치약으로 바꾸고, 난방 온도를 낮추거나 전등을 끄는 등 비용 절감에 더 노력할 수는 있다. 그러나 전반적으로 볼 때 기본 식료품에 대한 평균 지출은 매우 안정적이다.

표 12.2는 민간 소비의 구성 현황을 보여주며, 실질 GDP 성장이 정점을 기록한 2008년 1분기에서 바닥을 기록한 2009년 2분기까지 얼마나 감소했는지도 알려준다. 아울러 침체가 끝난 시점에 각 부문이 전체 소비에서 차지하는 비중도 보여준다.

소비 지출에서 단연 비중이 가장 큰 부문은 서비스(67.2%)다. 매우 가파르게 진행되었던 2007~2009년 침체 기간에도 서비스 지출의 감소는 -1.5%에 불과했다. 게다가 비중이 가장 큰 두 부문인 '주거, 전기 및 수도'와 '건강관리'는 지출이 오히려 증가했다.

그다음으로 비중이 큰 소비 지출 부문은 비내구재(22.2%)다. 비내구재는 의류, 신발, 잡화 등 수명이 3년 미만인 제품들이다. 이들은 대개 기호품보다 필수품에 가까우므로, GDP가 정점에서 저점으로 떨어지는 동안에도 감소율이 3.7%에 불과했다.

내구재는 소비 지출에서 차지하는 비중이 10.6% 남짓이다. 그러나 대부분 고가 항목들이다. 이들은 비중은 작지만, "자동차 매출 25% 하락!"처럼 뉴스의 머리기사를 차지한다. 사람들은 경기가 침체하면 흔히 자동차, 세탁기, 평면 TV 등의 구매를 미룬다. 업계에는 심각한 문제가 되지만 그렇다고 경제가 심각한 타격을 입는 것은 아니다. 사람들은 기본 필수품에 대해서 계속 지출하기 때문이다. 바로 이런 까닭에 과거 몇 번의 침체

**[그림 12.3] 침체 기간에는 소비 지출이 GDP에서 차지하는 비중이 증가**

자료: 톰슨로이터Thomson Reuters, 2012년 5월 15일 현재 개인 소비 지출.

[그림 12.4] 2008년 1분기~2009년 2분기 GDP 감소에 각 부문이 기여한 비중

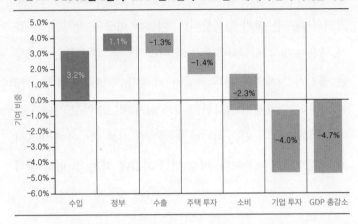

자료: 미국 경제분석국Bureau of Economic Analysis, 미국 GDP의 정점-저점 기간 감소에 각 부문이 기여한 비중(2008년 1분기~2009년 2분기 GDP).

기간에 GDP에서 소비 지출이 차지하는 비중은 실제로 증가했다(그림 12.3 참조).

물론 소비 지출이 침체 기간 전체에 걸쳐 다소 감소하기는 하지만, GDP 감소액만큼 줄어드는 것은 아니다. 기업의 지출이 비중은 작아도 변동성이 훨씬 커서, 흔히 GDP 변동에 더 큰 영향을 미친다. 그림 12.4는 2007~2009년 침체 기간의 GDP 증감에 각 요소가 기여한 비중을 보여준다(전미경제연구소는 침체 개시 시점을 2007년 12월로 잡았지만, 2008년 1분기까지도 GDP는 정점에 도달하지 않았다). 수입과 정부 지출은 GDP 증가에 기여했다.

주택 투자가 GDP를 줄이긴 했지만, 사람들이 흔히 생각하는 만큼은 아니다. 사람들은 주택경기 약화가 경기 침체와 2008년 신용위기, 뒤이은 약세장을 불러온 주요인이라고 착각하지만, 주택 부문은 GDP에서 차지하는 비중이 매우 작아서 경제에 큰 영향을 미치지 못한다. 소비 지출의 기여 비중은 −2.3%로 작지 않지만, 기업 투자의 기여 비중은 무려 −4%였다. 만일 기업 투자가 그대로 유지되었다면 훨씬 완만한 경기 침체가 되었을 것이다.

그러나 앞에서 언급했듯이 기업 투자가 침체기에도 그대로 유지되는 사례는 거의 없다. 경기 침체가 오는 것은 주로 기업 투자의 변동성이 크기 때문이다. 게다가 기업들(생산자들)이야말로 경제에 변동을 일으키는 주역들이다. 사람들은 이와 반대로 소비 수요가 왕이라고 믿는다. 그러나 생산자들이 생산하지 않으면 소비자들은 소비할 수 없다.

## 생산자가 경기를 주도

이는 "닭이 먼저냐, 달걀이 먼저냐"의 논쟁이 아니다. 세상이 이런 식으로 돌아간다는 말이다. 기업가가 위험을 무릅쓰고 개인 자금을 투자하여 시장이 반길 만한 상품을 생산하지 않는다면 경제에 큰 변동이 발생하지 않는다.

이런 방식으로 생각해보자. 내가 이 글을 쓰는 시점은 2012년이다. 15년 전 당신은 휴대전화가 있었는지 모르겠다. 현재 기준으로 보면 부끄러울 정도로 투박한 물건이었을 것이다. 그때 당신은 15년 뒤에 스마트폰 없이는 못 사는 사람들이 이렇게 많아질 줄 알았는가? 기술과 가전제품이 만나 탄생한 이 작은 기계가 생활을 이토록 편리하게 해줄 줄 알았는가? 스마트폰과 두어 시간만 떨어져 있어도 당신이 초조해질 줄 알았는가? 알지 못했을 것이다. 누군가 1세대 스마트폰을 발명했다. 이것은 갑부나 바보들의 장난감 같았다. 이어서 2세대 스마트폰이 나왔다. 이때부터 모방 제품들이 무수히 쏟아져 나왔다. 기술 진보, 수요 증가, 대량 생산이 결합하여 원가가 하락하면서 소비자 대부분이 살 정도로 싸진 덕분이다. 이제 스마트폰은 아주 흔한 제품이 되었으며, 15년 전에는 상상도 못한 방식으로 사용되고 있다. 아마도 처음 스마트폰을 발명한 사람조차 생각하지 못한 방식으로 사용되고 있을 것이다.

15년 전에는 소비자들이 동네 가전제품 매장을 찾아가 다음과 같이 말하는 일도 없었다. "컴퓨터, 달력, 주소록 겸용 휴대전화 하나 주세요! 아직 아무도 들어본 적이 없겠지만, 터치스

크린 기술을 사용하고 싶어요. 그리고 게임 하나가 꼭 들어 있어야 하는데, 목재와 석재와 얼음으로 지은 건물에 새들을 날려보내서 어린 새를 훔쳐가는 돼지들을 죽이는 게임이에요!"

당시 이렇게 말하는 사람이 있었다면 즉시 정신병원으로 끌려갔을 것이다. 그러나 혁신적인 기업가들이 과거 혁신을 바탕으로(1장 참조) 스마트폰을 발명했고, 세상 사람들은 스마트폰 없이는 살지 못할 지경이 되었다. 이어서 영세 기업들이 급증하여 상상할 수 있는 온갖 앱을 설계해서 제공하고 있다.

이것이 실제로 경제가 돌아가는 방식이다. 생산자가 생산하지 않으면(기본 식료품이든, 재량 소비재든, 서비스든), 경제 자체가 제대로 굴러가지 않는다.

그런데도 사람들은 실업률이 경제를 좌우한다고 착각한다. 소비 수요는 경제 성장을 좌우하는 변수가 아니다. 소비 수요는 실업률이 높은 기간에도 매우 안정적이기 때문이다. 생산자들이야말로 경제 성장을 이끄는 주역이다. 이들은 위험을 무릅쓰고 장래에 이익을 가져다줄 제품을 생산한다.

정치인들은 호통치고 횡설수설하면서 제멋대로 삿대질을 해댄다. 그러나 실업률을 낮추고 싶다면 기업 활동의 장벽을 낮추는 정책을 펼쳐야 한다. 고용을 늘리는 것은 성장이기 때문이다.

THE LITTLE BOOK

OF

# MARKET
# MYTH$

## 13장

# 미국은 부채가
# 과도하다?

MARKET MYTHS

## "미국은 부채가 과도해! 그래서 큰 문제야!"

미국의 부채가 과도하다는 점에는 동의하지 않는 사람이 없다. 사람들 대부분이 연방 부채가 나쁘다고 생각하며, 부채가 증가할수록 더 나쁘다고 생각한다. 그러나 기억하기 바란다. 사람들이 아무 의문 없이 받아들이는 생각일수록 조사할 필요가 더 많다.

사람들은 개인 차원에서 지는 부채는 문제없다고 합리적으로 인정한다. 물론 안타깝게도 곤경에 빠지는 사람도 있다. 그러나 책임감 있게 관리하면 괜찮다고 사람들 대부분이 이해한다. 사실은 부채가 있어야 한다! 부채 없이는 대부분이 집이나 차를 사지 못한다. 심지어 직장 면접 첫날 입고 갈 양복조차 사지 못하는 사람도 많다.

대부분 독자는 기업이 지는 부채도 문제없다고 인정할 것이다. 물론 부채를 제대로 관리하지 못하는 기업도 있다. 그러나 기업들은 부채를 제대로 관리해야 하는 이유가 있다. 부채 관리가 정말로 부실하면 CEO가 해고될 수 있다. 주주들이 화가 나서 주식을 헐값에 던져버릴 수도 있다. 아니면 회사가 파산할 수도 있다! 합리적인 CEO라면 모두 피하고 싶은 상황이다.

그러나 기업들은 종종 새 공장을 짓거나, 연구개발에 투자하거나, 경쟁 기업이나 보완 기업을 인수하여 사업을 확장하려고 부채를 일으키기도 한다. 이런 활동들은 이익 증대에 도움이 되며, 우리는 수익성 높은 기업을 좋아한다. 수익성 높은 기업들은 좋은 제품과 서비스를 합리적인 가격에 제공한다. 게다가 일자리까지 만들어준다! 모두 좋은 일이다.

그러나 이렇게 합리적인 사고가 정부 부채에 대해서는 잘 적용되지 않는다. 우리는 지방정부 부채는 좋아하지 않고, 주(州)정부 부채는 혐오하며, 연방정부 부채에 대해서는 맹렬하게 독설까지 퍼붓는다.

## 정부의 소비는 비효율적

아마도 독자들은 미국 정부의 자금 관리 능력이 형편없다고 생각할 것이다. 지방정부보다는 주정부가 더 형편없고, 연방정부는 이들보다 더더욱 형편없다고 생각한다. 모두 옳은 생각이다. 정부는 실제로 자금 관리가 매우 비효율적이고 형편없다. 그러나 열렬한 자유주의자들조차 도로 같은 공공재가 필요하다는 점에는 동의한다. 그리고 정부는 법과 규정을 만들고 집행함으로써 매수자와 매도자들을 모두 보호한다. 내 생각에 아마도 가장 중요한 정부의 기능은 사유재산권을 철저하게 보호하는 일이다.

나도 정부가 지출을 줄이기를 바란다. 이념적 관점에서가 아니라, 정부보다 우리가 훨씬 더 현명하게 소비하므로, 우리와 가족이 더 큰 혜택을 얻기 때문이다. 그리고 우리가 자신에게 이로운 방식으로 돈을 소비하는 편이 궁극적으로 사회에도 더 좋다. 이를 믿지 않는 사람이라면 자본주의도 믿어서는 안 된다. 그리고 자본주의를 믿지 않는 사람이라면 주식에 관한 책을 읽을 이유가 없다. 애덤 스미스Adam Smith는 말했다. "우리가 식사할 수 있는 것은 정육점과 양조장과 빵집 주인들이 자비를 베풀어서가 아니라, 자신의 이익을 위해서 일하기 때문이다." 이는 개인이 자신에게 가장 유리한 방식으로 행동할 때, 사회 전체가 평균적으로 더 윤택해진다는 뜻이다. 이렇게 되려면 정부가 소비하는 몫은 줄이고, 개인이 소비하는 몫은 늘려야 한다.

나는 정부가 어리석게 소비하지 않기를 바라지만, 정부의 부채를 두려워하지도 않는다. 당신도 그래야 한다. 이유는 다음과 같다.

첫째, 사람들은 흔히 미국의 부채가 과도하다고 말한다. 그러나 이는 정부가 감당하기에 적정한 부채 규모가 있어서, 이 엄격한 선을 넘어서면 재난이 일어난다는 뜻이다.

현재 정부의 적정 부채 규모가 부채 제로라고 말하는 사람이 많을 것이다. 그러나 이는 전혀 비현실적인 주장이다. 한 나라가 부채 메커니즘 없이 어떻게 화폐를 발행하며, 어떻게 통화 정책을 실행한다는 말인가? 금본위제로 돌아가면 된다고 생각하는 사람도 있지만, 과거 금본위 시절에도 연방 부채는 엄연히 존재했다. 게다가 금본위제는 어떤 경제 문제도 막아주지 못했다. 미국에 연방준비제도가 도입되기 전에는 금융공황이 훨씬 자주 발생했고 정도도 심했다. 2007~2009년 침체는 19세기에 빈발했던 거대한 침체에 비하면 아무것도 아니었다.

금본위제를 도입하면 통화 정책에서 정치인들의 간섭을 배제할 수 있다고 주장하는 사람도 있다. 그러나 오히려 정반대 현상이 벌어질 것이다. 금본위제의 기준을 설정하고 유지하는 과정에서 정치인들의 엄청난 개입이 일어난다. 원칙이 확립된 다음에도 정치인들은 자신들의 입맛대로 원칙을 바꿀 것이다. 나는 미국의 연방준비제도가 완벽하다고 생각하지 않는다. 완벽과는 거리가 멀다. 그러나 금본위제를 도입하면 정부의 개입이 더 늘어난다(미국이 세계 다른 나라들에 금본위제를 도입하라고 설득한다면, 아마도 이들은 미국에 입 닥치라고 응수할 것이다).

## 부채를 보는 관점

적정 부채 수준이 있다는 주장에는 아무런 근거가 없다. 사람들은 연방 부채를 보는 명확한 관점이 없어서 단순히 절대금액만을 인용한다. 그림 13.1은 미국 공공 부채가 GDP에서 차지하는 비중을 보여준다. 이것이 올바른 관점이다. '순공공 부채net public debt'가 공공 부문이 보유한 부채 총액이다. 정부 부처들 사이에 존재하는 부채는 여기에 포함되지 않는다. 이는 한 가구의 부채를 계산할 때, 남편이 아내에게 빌린 20달러를 부채에 포함하지 않는 것과 같다(가족 사이의 거래이므로 상쇄되는 것으로 간주한다).

미국의 GDP 대비 부채 비율은 현재 높은 상태다. 놀랄 일은

[그림 13.1] 미국 순공공 부채가 GDP에서 차지하는 비중

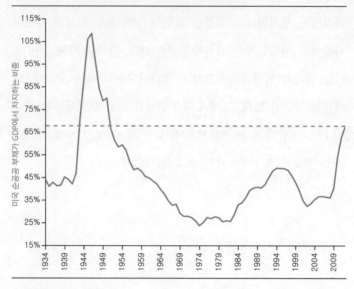

2012년 데이터는 추정치.
자료: 관리예산처Office of Management and Budget, 미국 재무부US Department of the Treasury, 미국
경제분석국Bureau of Economic Analysis, 1993. 12. 31~2012. 12. 31.

아니다. 그래도 정점 수준보다는 훨씬 낮다. 1946년에는 부채가
GDP의 109%를 기록했다! 그러나 이 기록을 세운 이후 경제가
몰락한 것은 아니다. 오히려 경제가 강하게 성장하고 기술 진보
가 이루어졌다.

　　당시에는 전쟁 부채였으므로, "이번엔 다르다(항상 위험한 가
정)"라고 누군가 주장할 것이다. 물론 다르다. 그러나 부채는 발
행 이유를 따지지 않는다. 그냥 부채일 뿐이다. 부채는 계약이

[그림 13.2] **영국 순공공 부채가 GDP에서 차지하는 비중**

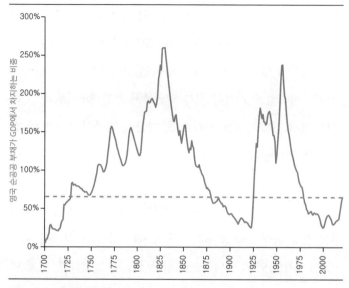

2009~2012년 예산은 추정치.
자료: 영국 재무부HM Treasury, ukpublicspending.co.uk, 1700~2012.

다. 부채를 일으킨 목적이 숭고하든(나치와의 전쟁), 멍청하든(망해 가는 태양전지판 생산 업체를 지원) 단지 나중에 상환할 필요가 있는 빚일 뿐이다. 부채 증가가 경제 파탄의 주요인이었다는 증거는 없다.

미국은 분석할 데이터의 역사가 비교적 짧다. 그러나 영국은 짧지 않다. 그림 13.2는 1700년 이후 영국의 GDP 대비 부채 비율을 보여준다.

놀랍게도 영국의 부채 비율이 훨씬 높았다. 대략 1750~1850년에는 부채가 GDP의 100%를 넘었고, 이 기간의 약 절반은 150%도 넘었으며, 정점에서는 250%까지도 넘어갔다. 그러면 이 기간과 이후에 영국에서는 어떤 일이 벌어졌을까? 당시 영국은 논란의 여지없이 경제와 군사 양면에서 초강대국이었다. 미국보다 먼저 산업혁명을 시작했다. 영국은 혁명적 제조기법 면에서 세계의 중심지였다. 이 기간 내내 영국은 부채 수준이 높았다.

당시에는 사람, 말, 전서구를 통해서 뉴스가 전파되었고, 기차는 한참 뒤에야 등장했다. 영국이 100%가 넘는 부채를 떠안고도 1세기 동안 초강대국으로 살아남을 수 있었다면, 현재 미국의 막대한 부채가 장기적으로 국가경쟁력을 떨어뜨린다고볼 이유가 없다.

## 매사에 질문을 던져라!

"부채가 국가경쟁력을 떨어뜨리지 않는다"는 말을 받아들이기 어려운 독자도 있을 것이다. 아마도 이 책에서 다루는 미신 중 가장 타파하기 어려운 미신이다. 실제로 내가 지금까지 쓴 개념 중 사람들이 이해하기 가장 어려운 개념이다. 부채가 나쁘다는 신념이 뇌리에 깊이 박힌 탓에, 대부분의 독자가 데이터를 살펴보거나 펀더멘털을 숙고하지도 않은 채 내 말을 즉시 거부할지도 모른다. 아니면 아예 이 챕터를 건너뛸 수도 있다.

이유가 무엇일까? 자신의 신념에 대해 질문을 던져도 손해 볼 일은 없다. 최악의 시나리오는 무엇일까? 먼저 자신의 생각이 옳은 것으로 밝혀질 수 있다. 이는 좋은 일이다. 혹은 자신의 생각이 틀렸으며, 이 때문에 지금까지 세상을 제대로 보지 못해 투자에 실수할 수 있었음을 깨달을 수도 있다. 이는 대단한 성과다! 세상을 더 명확하게 볼 수 있다면 실수를 줄일 수 있으며, 장기적으로 더 큰 성공을 이룰 수 있다. 어느 쪽이든 둘 다 이득을 본다.

이번에는 이렇게 말하는 독자도 있을 것이다. "그렇다면 그리스는 어떤가요? 그리스의 막대한 부채가 일으키는 문제는 부채가 나쁘다는 증거 아닌가요?" 아니다. 그리스 문제는 사회주의가 나쁘다는 사실을 입증하는 사례다. 그리스는 부채 문제가 아니다. 그리스는 수십 년 이어진 고질적인 사회주의 탓에 경제가 구조적으로 경쟁력을 상실했다. 게다가 (사회주의 때문에) 정부도 구조적으로 부패한 탓에, 경쟁력을 높이는 방향으로 경제를 개혁하기도 어렵다.

그리스의 문제는 부채에서 비롯된 것이 아니다. 그동안 장부를 조작해오다가 발각되면서 발생했다. 게다가 그리스 경제가 경쟁력이 없었으므로, 채권 투자자들이 더 높은 금리를 요구하게 되었다. 이들은 이제 그리스의 신용도가 높지 않다고 생각했다. 이렇게 금리가 상승하면서 그리스는 채권 이자를 지급하기가 어려워졌다.

## 실제 쟁점은 감당 능력

이것이 문제의 핵심이다. 쟁점은 부채가 아니라, 그 부채를 감당할 수 있느냐다. 그리고 미국은 부채를 충분히 감당할 수 있다. 역사적으로 그러했다! 그림 13.3은 GDP 대비 '연방 부채 이자 지급액' 비율이다. 현재 부채 총액은 증가했지만 금리가 매우 낮아서 부담이 더 작아졌다.

이 글을 쓰는 시점 현재 부채의 이자 비용은 1979~2001년의 어느 시점보다도 낮다. 이 기간은 경제가 몰락한 기간이 아니라 오히려 번창한 기간이다. 1980년대와 1990년대 대부분 기간에 미국은 압도적인 경제 강국이었다. 그리고 1980년대와 1990년대에는 거의 10년 동안 이어진 대형 강세장이 두 번 있었다. 현

[그림 13.3] **GDP 대비 '연방 부채 이자 지급액' 비율**

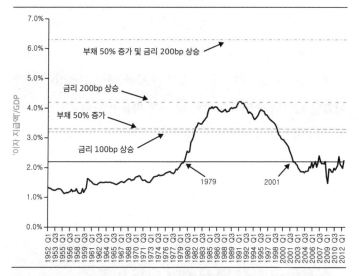

자료: 톰슨로이터Thomson Reuters, 1951. 12. 31~2011. 6. 30.

재 부채 비용은 1985~1995년의 약 절반 수준이다! 당시에는 부채 비용이 높았는데도 문제가 없었다. 현재는 부채 비용이 훨씬 낮으므로 문제는 생각하기 어렵다.

부채가 급격히 증가하는 동시에 금리가 대폭 상승하여 GDP 대비 '연방 부채 이자 지급액' 비율이 가파르게 상승한다고 해도, 이런 비율에서조차 과거에 아무 문제가 발생하지 않았다. 이는 금리가 상승해도 그 영향은 새로 발행되는 채권에만 미치기 때문이다. 금리 상승이 전체 이자 지급액에 큰 영향을 주려면 상당한 기간이 흘러야 한다.

평균 금리가 100bp(1%) 상승하거나 순공공 부채가 50% 증가해도 부채 비용은 1982~1998년 수준보다 여전히 낮다. 그리고 금리가 200bp 급등하더라도, 경기 호황과 대형 강세장이 시작되었던 1991년 수준에 도달할 뿐이다. 비율이 전례 없는 수준까지 상승하려면 부채가 50% 증가하는 동시에 금리도 200bp 급등해야 한다. 가까운 미래에 과연 이런 일이 발생할지는 의문이다.

## 신용등급 하락 뒤 오히려 부채 비용 감소

부채가 증가하면 신용도가 하락하여 금리가 상승한다고 주장하는 사람도 있을 것이다. 이번에도 그 근거가 무엇인지 묻고 싶다. 지난 몇 년 동안 미국의 순부채는 계속 증가했지만, 금리는 계속 하락했다. 실제로 미국의 신용등급도 하락했다. 그런데도 금리는 전보다 더 낮아졌다!

지난 2011년 8월, 미국 부채 한도(1917년 전쟁 자금 조달 편의상 도입된 이후 100번 넘게 인상된 자의적 기준) 인상을 놓고 치열한 논쟁이 벌어지자, S&P는 미국의 신용등급을 최고 등급인 AAA에서 한

단계 끌어내렸다. 사람들은 이 때문에 미국 부채에 대한 신용 위기가 발생할까 우려했다.

그러나 우려했던 사건은 일어나지 않았다. 오히려 반대였다. 조정 중이던 미국 주식은 2011년 말까지 반등을 이어갔다. 이 글을 쓰는 2012년 현재, 미국 주식은 계속 강세를 유지하고 있다.

그리고 신용등급 하락 1년 뒤, 국채 금리는 전반적으로 더 하락했다. 이는 사람들이 기대했던 것과 정반대 현상이다.

그러나 실제로 이렇게 되었다. 세계는 미국의 신용 위험이 증가했다고 생각하지 않는다. 시장은 그렇게 말한다. 사실은 S&P도 미국의 신용 위험이 증가했다고 생각하지 않는다! S&P는 재정이나 경제 요소 때문이 아니라, 정치 때문에 신용등급을 낮췄다. S&P는 미국의 양대 정당이 주요 예산 항목에 합의하지 못할 것으로 보았다(정치인들이 합의하지 못한다는 점에 S&P가 왜 새삼스레 주목했는지를 나는 도무지 이해할 수 없다).

그러나 역사를 돌아보면 이 때문에 놀랄 이유가 없다. 국가의 신용등급이 최고 등급인 AAA에서 강등된 사례가 12번 있다. 1998년 벨기에, 아일랜드, 핀란드, 이탈리아, 포르투갈, 스페인이 강등되었고, 2001년 일본, 2009년 스페인과 아일랜드, 2011년 미국, 2012년 프랑스와 호주가 강등되었다. 그림 13.4는 신용등

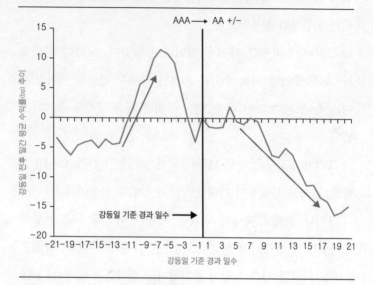

**[그림 13.4] S&P 신용등급 강등과 채권 수익률(10년 수익률)**

AAA ⟶ AA +/-

강등일 기준 경과 일수 ⟶

강등일 전후 일간 평균 수익률(bp) 추이

강등일 기준 경과 일수

자료: 톰슨로이터Thomson Reuters, 2012. 10. 25.[1]

급 강등 직전과 직후 벤치마크 10년 금리의 평균적인 흐름을 보여준다.

흔히 신용등급 강등 직전에 수익률이 다소 상승하는데, 이는 강등에 대한 두려움이 가격에 반영되기 때문이다. 그러나 평균 상승률이 11bp여서 큰 폭은 아니다. 그러면 강등 뒤에는 어떨까? 평균적으로 수익률이 하락했다.

AAA 국가들의 신용등급 하락을 시장은 왜 대수롭지 않게 여기는 걸까? 3대 신용평가 기관(S&P, 무디스, 피치)은 사실상 정부의 지원을 받아 과점 체제를 유지하고 있다. 따라서 이들은 가격이나 품질을 놓고 경쟁할 필요가 없다. 시장은 이들의 의견이 그다지 가치가 없음을 안다.

게다가 이들은 우리가 이미 아는 사실을 말하는 버릇이 있다. (다음 선거에서 떨어질지도 모르는) 정치인들의 행위를 바탕으로 평가한 등급이라면 시장이 크게 관심 둘 이유도 없다.

사실 미국은 S&P의 눈에는 AAA가 아닐지 몰라도 여전히 세계에서 가장 크고 깊은 신용시장을 보유한 나라다. 이런 이유로 미국은 앞으로도 상당 기간 부채 비용을 충분히 감당할 수 있다.


## 타인의 호의에 의존한다?

미국의 부채 감당 능력이 부채의 규모 이상으로 중요하다는 개념을 이제 당신도 받아들일 것이다. 그러면 미국이 외국인들에게 신세 지고 있다는 두려움에 대해서는 어떻게 생각하는가?

이야기는 이러하다. 다른 나라들이 낭비벽에 빠진 미국을 지탱해주고 있으므로, 미국은 위험할 정도로 이들에게 신세를 지고 있다는 말이다. 게다가 중국이 미국 부채를 거의 모두 보유

[그림 13.5] 실제로 미국 정부의 부채를 보유한 주체들

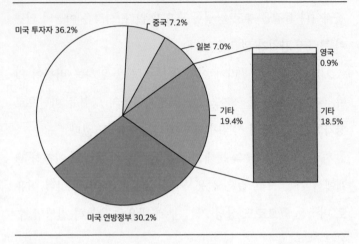

미국 투자자 36.2%

중국 7.2%

일본 7.0%

영국 0.9%

기타 19.4%

기타 18.5%

미국 연방정부 30.2%

자료: 톰슨로이터Thomson Reuters, 미국 재무부US Department of the Treasury, 2012. 7. 31.

하고 있다(사람들이 왜 중국을 두려워하는지 나는 도무지 모르겠다. 미국 국채를 보유한 채권국 이야기가 나올 때마다 사람들은 중국이 보유한 국채에 대해서 유난을 떤다. 중국이 우리에게 싼 이자로 돈을 빌려주겠다는데, 마다할 이유가 어디 있는가)!

미국이 위험할 정도로 외국에 신세 지고 있다는 말이 사실인가? 그림 13.5는 미국의 부채를 보유한 채권자들이며, 표 13.1은 기타 채권자들을 정리한 자료다.

미국의 부채를 가장 많이 보유한 채권자(36.2%)는 미국 투자자들이다. 개인, 기업, 자선단체, 은행, 펀드, 기타 수많은 주체다. 그

**[표 13.1] 기타 미국 채권자들**

| 채권자 | 보유 비중 | 채권자 | 보유 비중 |
|---|---|---|---|
| 석유수출국* | 1.65% | 캐나다 | 0.36% |
| 카리브 해 금융 중심지** | 1.61% | 멕시코 | 0.36% |
| 브라질 | 1.59% | 인도 | 0.33% |
| 기타 | 1.42% | 한국 | 0.27% |
| 스위스 | 1.27% | 필리핀 | 0.23% |
| 대만 | 1.24% | 터키 | 0.22% |
| 러시아 | 0.96% | 폴란드 | 0.19% |
| 벨기에 | 0.89% | 칠레 | 0.19% |
| 홍콩 | 0.88% | 콜롬비아 | 0.18% |
| 룩셈부르크 | 0.82% | 스웨덴 | 0.18% |
| 아일랜드 | 0.58% | 이탈리아 | 0.17% |
| 싱가포르 | 0.58% | 호주 | 0.17% |
| 노르웨이 | 0.46% | 이스라엘 | 0.17% |
| 프랑스 | 0.43% | 네덜란드 | 0.16% |
| 독일 | 0.40% | 스페인 | 0.16% |
| 태국 | 0.37% | 말레이시아 | 0.12% |

* 에콰도르, 베네수엘라, 인도네시아, 바레인, 이란, 이라크, 쿠웨이트, 오만, 카타르, 사우디아라비아, 아랍에미리트연합, 알제리, 가봉, 리비아, 나이지리아.
** 바하마, 버뮤다, 영국령 버진 제도, 케이맨 제도, 네덜란드령 앤틸리스 제도, 파나마.
자료: 톰슨로이터Thomson Reuters, 미국 재무부US Department of the Treasury, 2012. 7. 31

리고 미국 연방정부가 산하 정부 기관들을 통해서 보유한 부채가 30.2%다. 외국 투자자들이 보유한 부채는 33.6%에 불과하다.

중국이 모두 보유한 것은 아니다. 중국의 보유 비중은 7.2%다. 현재 중국은 세계 GDP의 약 11%를 차지하는 2위 경제 대국이므로, 그리 놀라운 양은 아니다.[2] 일본의 보유 비중도 거의 같아서 7.0%다. 그러나 일본에 대해서는 심하게 불평하는 사람이 없다(중국과 일본은 최대 채권국 자리를 놓고 엎치락뒤치락한다).
1980년대에는 일본 경제가 성장하면서 미국 자산을 사들이는
행태를 보고 사람들이 야단법석을 떨었다. 그러나 이후 일본은
장기간 불황을 겪었다. 주로 자본주의를 올바로 실행하지 않았
기 때문이다.

중국이 미국을 따라잡아 경제적으로 지배할까 두렵다면, 중
국의 성장이 자유시장 민주주의에서 오는 자연스러운 성장이
아니라는 사실을 알아야 한다. 중국 사회주의 정부는 도시 시민
의 불만을 잠재우는 수단으로 고도성장을 이용하고 있다. 정부
가 온갖 수단을 동원해서 고도성장을 유지하는 것은 교육받은
시민이 인권 침해 사실을 자각하지 못하게 하려는 의도다(중국
은 절대빈곤 상태인 사람이 여전히 10억이나 되고, 미국의 '중산층'에 해당하는
인구는 소수에 불과하다).

중국은 성장할 것이다. 많이 성장할 것이다! 언젠가 산출량
이 미국을 능가할지도 모른다. 그러나 중국은 산출량 증가만으
로는 미국을 따라잡을 수 없다. 중국이 경제적으로 미국을 지
배하려면, 먼저 진정한 자유시장 민주주의 국가가 되어야 한다.
이는 중국, 미국, 세계에 모두 좋은 일이다.

지금까지 보았듯이 중국과 외국 투자자들이 보유한 미국 부
채는 무서울 정도로 막대한 규모가 아니다. 그런데도 사람들은

두 가지를 걱정한다. 첫째, 외국 투자자들이 국채를 대량으로 팔면 미국이 상환하지 못할까 걱정한다. 둘째, 외국 투자자들이 국채 매입을 중단하면 미국이 방탕한 생활을 더는 유지하지 못할까 걱정한다(당신은 미국이 방탕한 생활을 한다고 믿을지 몰라도 나는 그렇게 생각하지 않는다. 정부가 자금을 효율적으로 사용하지는 못하지만, 앞에서 언급했듯이 부채 상환 능력은 충분하다).

걱정하는 논리를 되짚어보자. 중국의 국채 대량 매도를 왜 두려워해야 하는가? 국채는 계약이다. 중국이 국채를 팔겠다고 해도, 미국이 되사야 한다는 계약 조항은 없다. 따라서 미국은 남은 원금을 한꺼번에 상환할 필요가 없다. 중국은 국채를 유통 시장에서 팔아야 한다. 누군가 그 국채를 사면, 미국은 중국에 지급하던 이자를 그에게 똑같이 지급하면 된다. 미국의 부담은 달라질 것이 없다. 국채를 누가 보유하느냐는 상관이 없다. 우리는 원리금 지급만 제대로 하면 된다.

그러면 중국은 왜 국채를 한꺼번에 대량으로 팔려고 할까? 유통 시장에 국채 공급이 증가할 텐데도. 공급이 증가하면 가격은 하락한다. 중국은 이 거래에서 손해를 보므로, 이는 자기 무덤을 파는 격이다.

채권 수익률과 채권 가격은 반대 방향으로 움직인다. 중국이 시장에 채권을 쏟아내서 가격이 하락하면, 채권 수익률은 상승한다. 그러면 지극히 안전한 국채가 수익률마저 높아서 매력도가 훨씬 높아진다. 따라서 수요가 증가하며, 국채 가격이 상승하여 수익률이 다시 하락한다. 이 시나리오에서 미국은 크게 손해 볼 일이 없다. 애덤 스미스가 말한 정육점과 양조장, 빵집 주인들처럼 중국도 자신의 이익을 위해서 행동할 것이기 때문이다. 보유 국채를 갑자기 헐값에 내던지는 것은 중국에 이로운 행동이 아니다.

중국이 미국 국채를 사는 것은 자선사업도 아니고, 유대감 때문도 아니다. 중국은 미국에 신세 진 바도 없다. 그래도 국채를 사는 것은 특정 필요가 충족되기 때문이다. 중국은 보유 외환을 관리하려고 미국 국채를 대량으로 사들인다. 중국의 막대한 외환 보유액을 수용할 만한 국채시장이 달리 없기 때문이다.

## 갈 곳이 없어서

만일 다른 나라들이 미국 국채를 사지 않는다면, 어느 나라의 국채를 사야 하는가? 미국만큼 규모가 큰 국채시장이 어디에 있을까? 표 13.2는 미국과 다른 신용도 AAA 국가들(미국을 대신할 만한 국가들)의 순공공 부채를 비교한 자료다. 미국 국채의

[표 13.2] 미국과 기타 국채 발행국

| 국가 | 공공 부채(100만 달러) | 비중 |
|---|---|---|
| 호주 | $248,222 | 1.4% |
| 캐나다 | $1,235,836 | 6.9% |
| 덴마크 | $92,466 | 0.5% |
| 핀란드 | $96,325 | 0.5% |
| 독일 | $2,567,702 | 14.3% |
| 홍콩 | $107,036 | 0.6% |
| 룩셈부르크 | $7,056 | 0.0% |
| 네덜란드 | $464,941 | 2.6% |
| 노르웨이 | $154,848 | 0.9% |
| 싱가포르 | $376,940 | 2.1% |
| 스웨덴 | $144,975 | 0.8% |
| 스위스 | $180,361 | 1.0% |
| 영국 | $180,361 | 11.0% |
| 미국(AA1) | $10,351,330 | 57.5% |
| **합계** | **$18,004,307** | |

자료: CIA 월드 팩트북CIA World Factbook 2011, 세계은행 대외채무 분기 통계World Bank Quarterly External Debt Statistics, 2011년 12월 31일 현재 S&P AAA 등급 채권발행국 전부와 미국.

비중이 57.5%다. 물론 중국과 다른 나라들은 호주나 캐나다, 독일 국채도 살 수 있다. 또 실제로도 그렇게 하고 있다. 그러나 여러 나라로부터 골고루 사들여야 한다. 독일은 국채 발행 규모가 두 번째로 큰 나라지만, 국채시장 규모는 미국의 25%에 불과하다. 미국을 완전히 대체할 만한 대규모 시장이 없으므로, 투자가 한 시장에 치우치면 수익률 변동 위험이 커질 수 있다.

미국은 부채 때문에 허약해진 상태가 아니다. 미국은 그리스와 다르다. 비슷하지도 않다! 부채는 타고난 요물이 아니다. 현명하게 사용하면 건전한 경제를 이루는 한 요소가 될 수 있다. 무조건 부채를 없앤다고 상황이 개선되는 것은 아니다. 미국에도 부채가 없었던 시절이 있다. 1835년 앤드루 잭슨Andrew Jackson이 서부 토지를 판 대금으로 미국의 부채를 모두 갚은 때였다. 그러나 사실상 이 때문에 1837년 공황이 발생했고, 1837~1843년 대공황으로 이어졌다. 미국 역사상 3대 대공황의 하나였다(나머지 공황 둘은 1873년과 1929년에 시작되었다).

부채 총액에 속 태울 필요 없다. 상환 능력만 보면 된다. 미국은 부채 상환 능력이 놀라울 정도로 충분하며, 앞으로도 장기간 그러할 것이다.

THE LITTLE BOOK
OF

# MARKET
# MYTH$

## 14장

---

# 달러가 강세면
# 주가가 상승한다?

---

MARKET MYTHS

## "달러 강세가 낫지."

사람들은 달러 환율이 마치 수많은 질병을 알려주는 증상인 것처럼 말한다. 예를 들어 미국 경제가 약해서 달러도 약세라고 말한다. 미국의 막대한 재정 적자 탓에 미국이 외국인들에게 얕보이고, 그래서 달러가 약세라고도 말한다.

그리고 달러 약세가 또 약세를 불러서 달러의 가치가 계속 감소할 것이라고 두려워한다. 예를 들어 달러 약세 때문에 수입품 가격이 상승하는데, 미국은 수출보다 수입이 많아서 성장률이 하락한다고 말한다. 또한 달러 약세 때문에 주식 수익률이 낮아질까 걱정한다.

## 달러가 약세든 강세든 무슨 상관인가?

달러가 약세일 때 수입품 가격이 상승하는 것은 사실이다. 그렇다고 해서 달러 강세가 좋다는 뜻은 아니다! 또는 달러 강세를 사람들이 반긴다는 뜻도 아니다. (1990년대에 주기적으로 나타났던) 달러 강세도 종종 문제의 근원으로 비난받는다. 사람들은 달러 강세 때문에 수출품 가격이 높아져서 수출이 감소하고, 이 때문에 경제가 어려워진다고 불평한다. 마치 이상적인 환율 범위가 있어서 환율이 이 범위를 벗어나면 경제가 망하는 것처럼 생각한다.

이는 터무니없는 미신이다. 첫째, 환율은 통화의 다양한 특성 가운데 하나일 뿐이다. 특정 환율이 다른 환율보다 꼭 나은 것은 아니다. 환율 약세와 강세에는 각각 장단점이 있다. 통화는 주식처럼 장기적으로 가치가 상승하는 자산이 아니다. 통화는 상품이다. 한 통화가 약세라는 말은 다른 통화에 비해 약세라는 뜻이다. 유로나 파운드나 다른 통화들이 강세면 달러가 약세가 된다. 반대로 달러가 강세면 다른 통화들이 약세가 된다.

아니면 이렇게 볼 수도 있다. 달러 약세가 미국 경제에 불리하다면 다른 통화의 강세가 그 나라의 경제에는 유리해야 한다. 이 논리를 확장해보면 미국의 GDP는 세계 GDP의 22%에 불과하므로[1], 달러가 약세일 때 세계 전체가 얻는 이득이 손실보다 커진다! 따라서 세계 전체로 보면 달러 약세가 바람직하다. 옳은 말인가?

터무니없는 소리인 줄 알 것이다. 그러나 달러 약세가 경제에 불리하다고 믿는다면 이런 결론에 도달할 수밖에 없다. 사람들은 깊이 생각하지 않는 경우가 많다.


## 네 칸 방식


더 값비싼 대가를 치를 수 있는 미신은 달러 약세가 주식 수익률을 낮춘다는 생각이다. 이것도 마찬가지로 터무니없는 생각이다. 달러는 약세든 강세든 주식 수익률에 아무런 영향을 미치지 않는다. 앞에서 사용한 논리를 그대로 적용해보자. 달러가 약세라면 다른 통화들은 강세라는 뜻이다. 달러 약세가 미국 주식에 불리하다면, 다른 통화들의 강세는 다른 나라 주식에 유리해야 한다. 이 논리가 옳다면 과거 실적에 이런 모습이 드러나

[그림 14.1] 미국 주식과 외국 주식

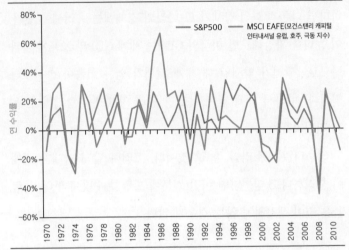

자료: 톰슨로이터Thomson Reuters, S&P500 주가지수, MSCI EAFE 주가지수, 1969. 12. 31~2011. 12. 31.

야 한다. 즉, 미국과 외국 주식의 실적은 서로 반대 방향으로 움직이거나, 적어도 상관관계가 다소 마이너스로 나타나야 한다.

그러나 사실은 그 반대다. 그림 14.1에서 보듯이, 미국과 외국 주식들은 대개 같은 방향으로 움직인다. 방향과 크기가 항상 일치하는 것은 아니지만, 미국 주식이 상승하면 외국 주식들도 대개 상승한다. 그리고 미국 주식이 하락할 때에는 외국 주식도 하락한다. 완벽한 수준은 아니지만, 미국 주식과 외국 주식이 반대 방향으로 움직이지 않는다는 사실은 충분히 보여준다.

[표 14.1] 달러 환율과 미국 주식의 등락 연도 수

| | | 미국 주식 | | |
|---|---|---|---|---|
| | | 상승 | 하락 | 계 |
| 달러 환율 | 상승 | 17(41%) | 4(10%) | 21(51%) |
| | 하락 | 15(37%) | 5(12%) | 20(49%) |
| | 계 | 32(78%) | 9(22%) | |

자료: 글로벌 파이낸셜 데이터Global Financial Data, Inc., 2012년 3월 7일 기준. 무역 가중 달러 지수[2], S&P500 투자총수익 지수(S&P 500 Total Return Index)[3], 1970. 12. 31~2011. 12. 31.

 

달러 환율이 주가에 미치는 영향을 다른 방식으로 확인할 수도 있다. 나는 '네 칸 방식'이라고 부르는데, 이 방식으로 자신의 생각을 얼마든지 확인할 수 있다. 표 14.1은 주식 등락 연도의 수와 비중을 보여준다(브레튼우즈 시대가 끝나고 주요 통화의 환율이 자유롭게 변동하기 시작한 1971년부터 실적을 분석했다). 환율은 무역 가중 달러를 기준으로 등락 연도의 수를 조사했다(우리의 관심사는 교역 상대국 대비 달러의 환율이므로 무역 가중 달러를 사용하는 것이 옳다. 미국은 부탄과 무역이 많지 않으므로 응굴트럼ngultrum이 달러 대비 강세든 약세든 중요하지 않다).

환율 등락과 주식 등락을 조합해보면 경우의 수는 네 가지다. 환율과 주식이 둘 다 상승, 환율은 상승하고 주식은 하락, 환율은 하락하고 주식은 상승, 둘 다 하락.

첫째, 먼저 눈에 띄는 것은 미국 주식이 상승한 해가 훨씬

많아서 78%나 된다는 점이다(이 사실을 뇌리에 새겨두면 투자 실적이 개선될 것이다). 둘째, 환율이 상승하느냐 하락하느냐는 사실상 동전 던지기와 같다. 달러가 한 방향으로 움직인다는 증거는 없다.

그러면 빈도가 가장 높은 조합은? 환율과 주식이 둘 다 상승한 해로서, 전체 기간의 41%나 된다. 주식이 상승하는 해가 훨씬 많다는 사실을 인정한다면 이는 놀랄 일이 아니다.

달러 약세가 주식에 불리하다는 근거는 어디 있는가? 실제로 그렇다면, 달러가 약세일 때 미국 주식도 하락하는 모습이 자주 나타나야 한다. 그러나 달러가 약세였을 때, 주식은 상승한 해가 37%, 하락한 해가 12%여서 상승 확률이 세 배 이상 높았다(역시 주식은 상승하는 해가 훨씬 많다).

주식이 하락할 때에도 환율의 등락은 동전 던지기와 같다. 환율의 등락은 일반적으로 동전 던지기와 같기 때문이다. 장기적으로는 달러 환율이 주식시장에 미치는 영향이 없으므로, 환율과 주식시장의 관계에 대해서는 아무런 결론도 나오지 않는다.

표 14.2는 달러 환율과 세계 주식을 똑같은 방식으로 분석한 자료다. 세계 주식 역시 상승하는 해가 훨씬 많았다. 달러가 약세일 때, 세계 주식은 상승한 해(39%)가 하락한 해(10%)보다 거

[표 14.2] 달러 환율과 세계 주식의 등락 연도 수

| | | 세계 주식 | | |
|---|---|---|---|---|
| | | 상승 | 하락 | 계 |
| 달러 환율 | 상승 | 15(37%) | 6(15%) | 21(51%) |
| | 하락 | 16(39%) | 4(10%) | 20(49%) |
| | 계 | 31(76%) | 10(22%) | |

자료: 글로벌 파이낸셜 데이터Global Financial Data, Inc., 2012년 3월 7일 기준. 무역 가중 달러 지수[4], MSCI 세계 투자총수익 지수-배당 제외(MSCI World Total Return Index with net dividends)[5], 1970. 12. 31~2011. 12. 31.

의 4배나 많았다. 그리고 달러 환율이 세계 주식시장에 미치는 영향이 없으므로, 여기서도 아무런 결론이 나오지 않는다. 이보다 더 명확하고 단순하게 밝히기도 쉽지 않을 것이다.

그러나 단기적으로는 환율 변동이 포트폴리오 수익률에 영향을 미칠 수 있다. 예를 들어 미국 투자자가 영국 주식을 보유 중인데, 주가는 그대로이지만 파운드화의 가치가 달러 대비 10% 상승했다면, 영국 주식의 가치가 사실상 10% 상승한 셈이다. 반면에 파운드의 가치가 10% 하락한다면, 영국 주식의 가치도 10% 하락한 것과 같다. 환율 변동률이 주가 변동률보다 크다면, 외국 주식의 달러 기준 수익률은 주가보다도 환율의 영향을 더 받게 된다!

세계 시장에 충분히 분산투자한다면(내가 대부분 투자자에게 추천하는 방식임), 수많은 통화를 보유하게 된다. 그러면 하던 일을 그

만두고 외환 거래 전문가가 되어야 할까?

아니다. (이 책의 독자 대부분처럼) 시간 지평이 긴 사람이라면 그럴 필요가 없다. 환율은 본질적으로 제로섬 게임이므로, 환율이 국제 포트폴리오에 미치는 영향은 서로 상쇄되어 거의 모두 사라진다.

외환에 직접 투자하는 방법은 어떨까? 마음대로 하라. 그러나 환율은 변동성이 크기로 악명 높다. 하지만 이런 변동성을 장기간 떠안아도 투자자는 아무런 보상을 받지 못한다. 외환 거래로 돈을 벌려면 단기 시점 선택의 달인이 되어야 한다. 이는 지극히 어려운 일이다. 단기 시점 선택을 계속해서 잘할 수 있다면 내 조언도 필요 없고 이 책도 필요 없다.

사람들이 지나친 달러 약세(또는 강세) 때문에 주식이 폭락할 수밖에 없다고 말하면 그냥 무시해버려라. 그런 말에는 증거도 없고 근본적인 이유도 없다. 오히려 그런 두려움을 이용할 수도 있다. 사람들이 미래 요소를 잘못 해석해서 두려워한다면, 이는 좋은 투자 기회가 될 수 있다. 물론 주식의 폭락을 부르는 요소가 존재하지만 달러 환율은 아니다.

## 15장

# 혼란은 주가를
# 떨어뜨린다?

$$$

---

**"세상이 이렇게 무서울 땐 주가가 못 오르지."**

흔히 미디어와 전문가들은 매우 겁나는 상황, 심각한 악재, 지나친 위험 때문에 주가가 오르지 못한다고 말한다(미디어를 해석하는 방법은 16장 참조). 그러나 세상에는 언제나 위험이 존재했다. 투자자들은 말한다. "물론 과거에도 위험이 있었죠. 나는 과거 위험이 잘 해결될 줄 알았어요. 그러나 이번엔 달라요."

첫째, 앞에서도 논의했지만 사람들은 항상 이번엔 다르다고 생각한다. 그러나 이번에도 그다지 다르지 않다. 그래서 존 템플턴이 유명한 말을 남겼다. "가장 값비싼 대가를 치르게 되는

말이 '이번엔 다르다'이다."

　먼 옛날에는 인류에게 도움이 되었으나 지금은 투자에 걸림돌이 되는 진화적 반응 하나가 과거의 고통을 곧 망각하는 습성이다. 이는 생존본능이었다! 우리는 과거 두려운 일에 직면했을 때 매우 침착했던 것으로 생각하지만 실제로는 그렇지 않은 경우가 많았다.

　다사다난했던 최근 몇 년을 돌이켜보자. 일본에 지진과 쓰나미가 일어나서 원전 사고가 터졌다. 중동 지역의 긴장이 고조되었고, 정치 논쟁이 가열되고 있다. 그러면 정치 논쟁이 정말로 지금 와서 더 가열되었을까? 정치적 수사는 항상 가열됐다. 미국이 지금 더 분열되었다고 말하는 사람은 미국 분열의 역사를 모르는 사람이다. 정치적 내분은 일상적인 일이다(미국 정치가 과열 상태라고 생각한다면, 영국 의회를 보라. 2012년 그리스에서는 TV 생방송 중 남성 정치인이 여성 정치인 얼굴에 주먹을 날리기까지 했다).

　중동 지역 긴장은 이스라엘 건국 이후 시작된 것이 아니라, 중동의 역사 내내 이어진 현상이다(1801년 미국은 바르바리 해적들로부터 해운회사들을 보호하려고 해병대를 급파했다). 그리고 세상은 빅뱅(우주 대폭발) 이후 끊임없이 자연재해에 시달렸다. 자연재해의 빈도나 강도가 갈수록 증가한다는 증거는 없다.

　기후마저 갈수록 혹독하고 예측이 어려워지고, 이로 인해 허리케인도 계속 더 사나워진다고 말하는 사람도 있다. 그러나 지금까지 미국에서 인명 피해를 가장 많이 일으킨 허리케인은 1900년에 상륙한 갤버스턴Galveston이었으며, 이때 발생한 경제적 피해는 인플레이션 조정 달러 기준으로 2위였다. 미국에 상륙한 10대 허리케인 중 8개가 1970년대 이전에 발생했다.[1] 기록이 시작된 1851년 이후 허리케인이 가장 많이 발생한 10년 단위 기간은 1940년대(24개)였고, 두 번째는 1880년대(22개)였으며, 세 번째는 1890년대와 1910년대(둘 다 21개)였다.[2]

이런 이야기를 하는 이유는? 사람들은 흔히 최근 사건은 부풀리고 과거 사건은 망각한다는 말이다. 요즘 지정학적 긴장이 고조되었다고 생각하는가? 그러면 냉전 기간에는 어떠했는가? 플로리다 바로 근처에서 실제로 미사일이 미국을 겨누던 '쿠바 미사일 위기' 기간에는 어땠는가? 지금 미국의 부채가 과도하다고 생각하는가? 제2차 세계대전 직후에는 미국의 부채가 GDP의 100%를 훨씬 넘어갔었다. 체르노빌을 기억하는가? 이 사고에 비하면 2011년 일본의 원전 사고는 아무것도 아니다. 미국에서도 식량과 휘발유를 장기간 배급한 적이 있었다. 단기간 발생한 재해 때문이 아니었다. 하와이, 뉴욕, 워싱턴 D.C.와 재외 공관들이 (2012년뿐 아니라 과거에도 여러 차례) 공격받았다. 미국은 석유파동, 파업, 침체, 폭동, 초인플레이션, 디플레이션도 겪었다. 회계 스캔들도 있었고 탄핵도 있었다. 미국에서 자생적 테러 공격이 일어나기도 했다.

그러나 표 15.1을 보라. 1934년 이후 매년 발생한 주요 사건과 세계 주식의 연 수익률이다. 온갖 사건 속에서도 주식은 전반적으로 상승했다. 물론 약세장도 있었다. 그러나 미국 시장이든 세계 시장이든, 자연재해 탓은 아니었다. 유럽에서 시작된 제2차 세계대전을 제외하면, 지정학적 긴장이(심지어 대규모 테러 공격과 전쟁 개시조차) 주식에 미친 영향은 일시적이었으며, 모두 부정적인 것도 아니었다.

때 묻지 않은 역사는 없다. 세상은 언제든 무서운 곳이 될 수 있다. 단조로운 기간은 절대 길지 않다. 그러나 역사를 통틀어 변치 않는 요소 하나는 자본시장의 회복력이다. 상황이 진정될 때까지 기다리려는 투자자라면, 매우 오랜 기간을 기다려야 할 것이다. 그리고 혼란기에 투자하지 않는다면 투자 기간이 길지 않을 것이다. 그러나 주식은 상승하는 해가 전체의 72%이므로 이는 잘못이다.[3]

이런 극적인 사건과 충격 속에서도 주가가 오르는 이유는 무엇일까? 이 세상에는 공포가 끊이지 않는다. 잘 알려진 공포는 가격에 즉시 반영된다. 공포는 주식에 유리하게 작용할 때도 많다.

[표 15.1] **끊임없이 사건이 이어지는 세상**

| 연도 | 사건 | 주식 수익률 |
|---|---|---|
| 1934 | 강력한 월스트리트 개혁법 통과. 전국산업부흥법에 의한 가격 통제. 히틀러의 총통 즉위. | 2.55% |
| 1935 | 이탈리아의 아프리카 침공. 히틀러의 베르사유 조약 거부. 대규모 먼지 폭풍 Dust Bowl. 사회보장법. 전국산업부흥법 위헌 결정. | 22.78% |
| 1936 | 히틀러의 라인 지방 점령. 나치의 유화정책. 스페인 내전 발발. 미국 최고세율 79% | 19.28% |
| 1937 | 미국 경기 단기간 급락. 자본 지출과 산업 생산 급감. 일본의 중국 침공. | -16.95% |
| 1938 | 나치의 오스트리아 합병과 체코 침공. 뉴잉글랜드 대형 허리케인 강타. | 5.61% |
| 1939 | 독일과 이탈리아의 군사조약 체결. 영국, 프랑스, 폴란드 연합 결성. 폴란드가 침공당하면서 제2차 세계대전 개시. | -1.44% |
| 1940 | 프랑스가 히틀러에 함락. 브리튼 전투. 미국 최고세율 81% 초과. 월스트리트 규제법 통과. | 3.53% |
| 1941 | 진주만 공격. 독일의 소련 침공. 미국이 일본, 이탈리아, 독일에 선전포고. | 18.74% |
| 1942 | 전시 가격 통제. 미드웨이 해전 발발. 미국 최고세율 88%. | 1.19% |
| 1943 | 미국 육류와 치즈 배급. 가격 및 임금 통제. U 보트의 대규모 공격. 연방 적자가 미국 GDP의 30% 초과. | 19.89% |
| 1944 | 소비재 부족. 연합군의 노르망디 상륙작전. 미국 최고세율 94% 최고 기록. | -10.24% |
| 1945 | 전후 경기 침체 예측. 이오지마 침공. 프랭클린 루스벨트 서거. 일본에 원자탄 투하. | 11.03% |
| 1946 | 미국의 순부채 GDP의 100% 돌파. 1946년 고용법 통과. 철강 및 부두 노동자 파업. | -15.12% |
| 1947 | 냉전. 미국의 높은 인플레이션. 이스라엘/팔레스타인 논쟁 격화. 인도-파키스탄 전쟁. 소련의 헝가리 점령. | 3.20% |
| 1948 | 베를린 봉쇄. 미국 철도 몰수로 파업 방지. 이스라엘이 독립 직후 침공당함. 미국 경기 침체. | -5.73% |
| 1949 | 러시아 원폭 실험. 영국의 파운드화 절하. 중국의 공산화. 대만/중국 긴장 고조. | 5.42% |
| 1950 | 한국전쟁. 매카시와 '적색 공포'. 중국의 티베트 침공. 세계 인구 25억 명 돌파. | 25.48% |
| 1951 | 초과 이득세. 로젠버그 재판. 한국전쟁 지속. 미국의 수소폭탄 실험. 마셜 플랜 종료. | 22.45% |
| 1952 | 미국 제철소 몰수로 파업 방지. 이집트 혁명. 요르단 쿠데타. 미국에 소아마비 공포 고조. | 15.82% |
| 1953 | 북해 홍수가 유럽 강타. 러시아의 수소폭탄 실험. 경기 침체. 스탈린 사망. 한국전쟁 종료. | 4.84% |

| 연도 | 사건 | 주식 수익률 |
|---|---|---|
| 1954 | 다우 300 - 고점에 대한 공포. 대만/중국 갈등. 프랑스-인도차이나 전쟁. 브라운 대 교육위원회 소송 사건. | 49.82% |
| 1955 | 아이젠하워 와병. 바르샤바 조약 체결. 북베트남의 남베트남 침공. 미국 7함대의 대만군 지원. | 24.74% |
| 1956 | 수에즈 위기 - 이스라엘과 이집트의 전쟁. 아시아 독감. 헝가리 혁명 러시아에 진압. | 6.58% |
| 1957 | 러시아의 스푸트니크 발사. 경기 침체. 리틀록센트럴고등학교 통합 위기. 아이젠하워 뇌졸중. | -6.02% |
| 1958 | 경기 침체. 대만/중국 갈등. 해병대를 베이루트에 급파. 흐루쇼프의 베를린 통제 시도. | 34.46% |
| 1959 | 카스트로의 쿠바 장악. US스틸 파업. 쿠바가 지원한 도미니카 혁명 실패. | 23.30% |
| 1960 | 경기 침체. 러시아가 U2 첩보기 격추. 카스트로의 외국인 자산 국유화. 세계 인구 30억 명 돌파. | 3.49% |
| 1961 | 베를린 장벽 설치. 베트남에 그린베레 급파. 피그스만 침공 실패. 프리덤 라이더스(Freedom Riders) 등장—인권 운동 주목. | 20.78% |
| 1962 | 쿠바 미사일 위기. 케네디 대통령의 철강 가격 탄압. 쿠바 수출 금지. 중국/인도 전쟁. | -6.21% |
| 1963 | 케네디 대통령 암살. 남베트남 정부 전복. 통합/분리 논쟁 격화. | 15.38% |
| 1964 | 통킹만. 인종 폭동. 브라질 쿠데타. 인종차별 폐지. 흐루쇼프 실각. | 11.25% |
| 1965 | 인권 행진. 베트남에 미국 정규군 파병. 인도-파키스탄 전쟁. 미국 북동부 대규모 정전으로 3,000만 명 영향. | 9.83% |
| 1966 | 베트남전 확전. 나이지리아 쿠데타. 중국 문화혁명 개시. | -10.12% |
| 1967 | 미국 인종 폭동. 영국 의회 표결로 철강산업 90% 국유화. 6일 전쟁. | 21.28% |
| 1968 | 미 해군 푸에블로호 나포. 베트남의 구정 공세. 마틴 루터 킹과 케네디 암살. 소련의 프라하 봄 진압. | 13.94% |
| 1969 | 미국 경기 침체. 우대금리 사상 최고치 기록. 북한의 미 해군 항공기 격추. 가다피의 리비아 장악. | -3.86% |
| 1970 | 미국의 캄보디아 침공. 펜 센트럴 파산. 호주 포세이돈 거품 붕괴. 켄트 주립대 총기 난사. | -3.08% |
| 1971 | 임금과 물가 동결. 브레튼우즈 시대 종료. 금본위제도 폐지. 달러화 평가 절하. | 18.36% |
| 1972 | 미국 베트남 항구에 기뢰 부설. 뮌헨 올림픽 참가 이스라엘 선수들 피살. 이라크의 석유회사 국유화. | 22.48% |
| 1973 | 에너지 위기 - 아랍의 석유 금수. 미국 경기 침체 시작. 워터게이트 사건. 스피로 애그뉴 부통령 사임. 제4차 중동 전쟁. | -15.24% |
| 1974 | 시장 40년 만에 최대 폭락. 리처드 닉슨 사임. 엔화 평가절하. 프랭클린 내셔널 은행 파산. | -25.47% |

| 연도 | 사건 | 주식 수익률 |
|---|---|---|
| 1975 | 뉴욕시 파산. 북베트남 승전. 영국의 자동차회사 국유화. 스페인 독재자 프랑코 사망. | 32.80% |
| 1976 | OPEC 유가 인상. 미국 정부의 민간 철도회사들 인수. 레바논 내전. | 13.40% |
| 1977 | 사회보장세 인상. 스페인 네오파시스트의 정치 집회 공격. 뉴욕시 긴급 구제. | 0.68% |
| 1978 | 금리 상승. 미국 순부채 6,000억 달러 돌파, 1970년대 수준의 두 배. 오하이오주 클리블랜드 파산. | 16.52% |
| 1979 | 소비자물가지수 급등. 스리마일 원전 사고. 이란의 미 대사관 점거. 소련의 아프간 침공. | 10.95% |
| 1980 | 사상 최고 금리 기록. 러브 캐널 사건. 은 가격 폭락. | 25.67% |
| 1981 | 가파른 경기 침체 시작. 레이건 피격. 에너지 거품 붕괴. 처음으로 에이즈 확인. 이스라엘의 이라크 핵 시설 폭격. | -4.79% |
| 1982 | 40년 만의 최악 경기 침체 - 이익 급감. 실업률 급등. 포클랜드 전쟁. 미국의 리비아 석유 수출 금지. | 9.71% |
| 1983 | 미국의 그레나다 침공. 베이루트 미 대사관 피폭. '워싱턴 퍼블릭 파워 서플라이 시스템WPPSS' 시 채권 최대 규모 부도. 미국 순부채 1조 달러 돌파. | 21.93% |
| 1984 | 연방 적자 최대 기록. 연방 예금 보험 공사의 콘티넨털 일리노이 구제 AT&T 독점 해소. 페르시아만 유조선 전쟁. 유니언 카바이드 보팔 사고. | 4.72% |
| 1985 | 군비 경쟁. 오하이오 은행들 폐업. 미국 최대 채무국이 됨. 순부채 1.5조 달러 - 1980년의 두 배. | 40.56% |
| 1986 | 미국의 리비아 폭격. 보스키의 내부자거래 유죄 인정. 챌린저호 폭발. 체르노빌. | 41.89% |
| 1987 | 시장의 1일 하락률 최고 기록. 이란-콘트라 조사위원회 레이건 비난. 세계 인구 50억 명 돌파. | 16.16% |
| 1988 | 퍼스트 리퍼블릭 은행 파산. 노리에가 미국에 기소됨. 팬암 103 폭발. 영국의 '빅뱅' 금융시장 개혁. | 23.29% |
| 1989 | 천안문 광장. 샌프란시스코 지진. 파나마에 미군 배치. 엑슨밸디즈 원유 유출 사고. 저축대부조합 위기 - 500개 이상 파산, RTC 설립. | 16.61% |
| 1990 | 경기 침체. 소비자 신뢰도 급락. 이라크의 쿠웨이트 침공 - 긴장 고조. 독일 재통일에 대한 공포. | -17.02% |
| 1991 | 미국 이라크에서 공중전 개시. 실업률 7%로 상승. 아일랜드 테러리스트의 영국 총리관저 공격. 소련 붕괴. | 18.28% |
| 1992 | 허리케인 앤드루 플로리다 초토화. LA 폭동. 경기 침체의 공포. 격렬한 선거전. | -5.23% |
| 1993 | 세율 인상. 세계무역센터 피폭. 유럽 더블딥 침체. 영국 파운드 평가 절하. | 22.50% |
| 1994 | 의료 서비스 국유화 시도. 멕시코 페소화 위기. 이전 유고슬라비아 내전에 빠져들다. 김일성 사망. | 5.08% |

| 연도 | 사건 | 주식 수익률 |
|---|---|---|
| 1995 | 달러 약세 공황. 클린턴 멕시코 긴급 구제. 일본 옴진리교의 사린 가스 공격. 오클라호마시 폭파 사건. | 20.72% |
| 1996 | 인플레이션에 대한 공포. 화이트워터 조사. 코바르 타워 폭파 사건. 그린스펀 투자자들의 '이상 과열' 언급. | 13.48% |
| 1997 | 10월 기술주 '미니 붕괴'와 '환태평양 위기'. 중국의 홍콩 환수. 이라크 무장 해제 위기. | 15.76% |
| 1998 | 러시아 루블화 위기. '아시아 독감'. 롱텀 캐피털 파산. 아프리카 미국 대사관 폭탄 공격. | 24.34% |
| 1999 | Y2K 망상증과 조정. 클린턴 탄핵. 베네수엘라 우고 차베스 집권. 발칸 전쟁. | 24.93% |
| 2000 | 닷컴 거품 붕괴 시작. 고어와 부시 - 대통령 선거전. 미 해군 구축함 콜에 자살폭탄 공격. | -13.18% |
| 2001 | 경기 침체. 911 테러. IRA의 BBC 폭탄 공격. 미국의 아프간 전쟁. 애국법 제정. | -16.28% |
| 2002 | 기업회계 스캔들. 사베인즈-옥슬리법 통과. 테러 공포. 이라크 및 '악의 축'과 긴장 고조. | -19.89% |
| 2003 | 뮤추얼펀드 스캔들. 이라크에서 충돌. 사스. 우주왕복선 콜롬비아 폭발. 이스라엘의 시리아 공습. | 33.11% |
| 2004 | 달러 약세와 미국의 '3중 적자' 공포. 마드리드 열차 폭탄 테러 인도양 쓰나미로 10만 명 이상 사망. | 14.72% |
| 2005 | 핵무장 문제로 북한 및 이란과 긴장 고조. 허리케인 카트리나. 유가 70달러까지 상승. 7월 7일 런던 테러. | 9.49% |
| 2006 | 북한 원폭 실험. 이라크와 아프간에서 전쟁 지속. 멕시코 마약 전쟁 개시. | 20.07% |
| 2007 | 금융회사들 상각 시행. 회계규정 대폭 변경. 이스라엘 시리아의 핵 추정 설비 공격. | 9.04% |
| 2008 | 세계 금융위기. 1930년대 이후 주식의 연간 하락률 최고 기록. 유가 140달러 돌파. 정부의 긴급 구제. | -40.71% |
| 2009 | 실업률 10% 돌파. 세계적으로 대규모 재정 및 금융 부양책. 미국 자동차회사 긴급 구제. | 29.99% |
| 2010 | PIIGS 국채 위기. 더블딥 침체 공포. "주식시장 갑작스런 붕괴." 미국 의료 서비스 및 금융 개혁법 통과. | 11.76% |
| 2011 | 아랍의 봄. 일본 지진과 쓰나미. PIIGS 국채에 대한 우려 지속. 빈 라덴 사살. 미국 신용등급 하락. | -5.54% |

자료: 글로벌 파이낸셜 데이터Global Financial Data, Inc., 2012년 8월 28일 기준. 톰슨로이터 Thomson Reuters. 1970~2011년 수익률은 모건 스탠리 캐피털 인터내셔널(MSCI) 세계지수 기준으로서, 24개 선진국 일부 주식의 실적이며, 배당과 원천과세가 포함됨. 1970년 이전 수익률은 '글로벌 파이낸셜 데이터' 자료를 기준으로 배당을 포함해서 1934년까지 계산함.

그리고 주식은 단기적으로 크게 오르내릴 수 있다는 사실도 기억하라. 그러나 장기적으로는 상승 추세를 유지하므로 무한한 이익을 가져다줄 수도 있다. 이 책에서 내내 언급했듯이 이윤 동기야말로 매우 강력한 긍정 요소다. 이윤 동기는 자본주의의 근간이며, 자유롭고, 민주적이며, 자본주의적인 나라가 더 번창하는 이유다. 인류가 난관에 직면해도 이윤 동기는 약해지지 않는다. 실제로 난관과 혁신 필요성이 동인이 되어 사람들이 위험을 감수하고 미래 이익을 추구할 수도 있다. 자본시장의 회복력이 강한 것은 인류의 회복력이 강하기 때문이다. 그 반대편에 돈을 건 사람들은 번번이 실패했다.

16장

# 뉴스를
# 이용하라?

MARKET MYTHS

"뉴스에서 들었으니까 틀림없을 거야."

이것도 "이번엔 다르다"와 함께 가장 값비싼 대가를 치르게 되는 말이다.

나는 28년 넘게 《포브스》에 '포트폴리오 전략Portfolio Strategy' 칼럼을 써오면서, 뉴스 해석이라는 난제를 종종 다루었다. 1995년 3월 내가 쓴 《포브스》 칼럼 「Advanced Fad Avoidance(유행을 피하는 고급 기법)」에서 소개한 해로운 유행에 빠지지 않는 기법 중 하나는 다음과 같다.

"미디어에서 두 번 이상 읽거나 들은 투자 아이디어나 주요 사건은 투자에 도움이 안 된다. 여러 해설자가 생각하고 쓰는 동안, 새 뉴스조차 낡은 뉴스가 되기 때문이다."

일부 독자는 위 글이나 내가 쓴 다른 글을 읽고, 뉴스는 해로우니까 무시하라는 뜻으로 오해할지도 모르겠다. 그렇지 않다. 뉴스는 투자를 도와주는 친구다. 무시해서는 안 된다. 다만 다르게 해석하고 정확하게 해석할 줄 알면, 뉴스는 유용한 무기가 될 수 있다.

## 다른 방식으로 생각하라

첫째, 뉴스를 읽으면 사람들의 관심사를 알 수 있다. 이는 뉴스가 공짜로 제공하는 값진 서비스다!

사람들 대부분은 투자에 성공하려면 남들이 모르는 것을 알아야 한다는 사실은 알고 있다. 그러나 남들이 모르는 것 중 무엇부터 알아야 하는지는 모른다! 쉬운 방법은 남들의 관심사부터 알아낸 다음, 눈길을 돌리는 것이다. 뉴스를 이런 용도로 사용할 수 있다.

주식시장은 널리 알려진 정보를 효율적으로 반영한다. 우리는 언제라도 버튼만 누르면 인터넷, 인쇄매체, TV 등 미디어를 통해서 세계 곳곳에서 날아온 정보를 쉽게 찾을 수 있다. 그러나 이런 뉴스는 대부분 현재 주가에 이미 반영되었다고 보아야 한다. 아니면 곧 반영될 것이다. 따라서 이 뉴스를 이용해서 매매할 기회는 아마 지나갔을 것이다. 그리고 머리기사에 올라간 다음 시간이 흐를수록, 그 뉴스가 시장을 움직이는 힘은 약해진다.

이는 나쁜 뉴스가 나와도 주가가 내려가지 않는다는 뜻은 아니다. 주가는 내려갈 수 있다! 뉴스는 심리에 영향을 줄 수 있고, 심리는 빠르게 바뀌기 때문이다. 그러나 단기 등락의 시점을 잡으려는 시도는 위험하다. 사고파는 과정에서 이중으로 손해 보기 십상이다. 그리고 나쁜 소식에 대한 초기의 심리적 반응은 과장되기 일쑤다. 악재에 주식을 팔면 저가에 팔게 되므로 나중에 더 좋은 매도 기회를 놓치게 된다. 게다가 그 매도 대금으로 산 주식이 상승한다는 보장도 없다. 악재가 나왔을 때에만 주식을 팔면 늘 비싸게 사서 싸게 팔게 되므로, 반등 기회를 놓치게 된다.

주식이 오르든 내리든 실제 주가를 움직이는 요소는 미디어에서 널리 논의되는 것이 아닌 경우가 많다. 즉, 모두의 관심이

쏠린 사안은 무시해버리고 다른 쪽을 찾아보아도 된다는 뜻이다. 따라서 사람들의 관심이 집중되지 않은 분야 중, 장차 시장에 큰 영향을 미칠 요소를 찾아보아야 한다. 사람들은 백미러를 보면서 백미러가 앞길을 알려주리라 생각한다. 이는 잘못된 생각이며, 간혹 재앙을 부르는 생각이다.

눈길을 돌려라. 그러면 다른 투자자들보다 우위에 설 수 있다. 심지어 대부분 전문가를 누를 수도 있다! 그러나 남들이 보는 뉴스를 보면서 남들과 똑같이 해석한다면, 남들이 놓치는 요소들을 똑같이 놓치게 된다. 당신도 무리에 섞여 이동하는 셈이다.

## 심리지표

뉴스는 심리지표로도 좋다. 심리는 이후 12~24개월 동안 사실상 수요가 될 수 있으므로 핵심 요소에 해당한다(수요에 대해서는 9장 참조). 현재의 심리를 이해하고 심리가 개선될지 악화할지의 가설을 잘 세운다면, 주식의 등락 가능성도 매우 잘 파악할 수 있다.

그러나 듣기 싫은 말이겠지만 심리를 측정하는 작업은 과학보다는 기술에 가깝다. 소비자 신뢰지수로 심리를 측정하는 사람이 매우 많다(미시간대학과 컨퍼런스 보드Conference Board의 소비자 신뢰지수가 널리 사용된다).

이 둘을 제외하면 다른 심리지표들은 결함이 있다. 위의 두 지표는 사람들의 평균적인 심리를 잘 보여준다. 그러나 지난달 심리다. 더 정확히 말하면 전월 중반 사람들이 느낀 평균 심리다. 현재 심리와 우연히 일치할 수도 있지만, 이미 지나간 과거의 심리다. 주식이 미래 지향적이라면(실제로 그렇다), 전월 중반 사람들의 평균 심리는 투자에 도움이 되지 않는다. 신뢰도 조사에 예측력이 있다는 증거는 없다.

그러나 매일 전국 신문이나 세계 신문 서너 개를 훑어보면 사람들의 전반적인 심리를 잘 파악할 수 있다. 미디어를 정확하게 해석하면 심리의 전반적인 흐름을 쉽고 빠르게 이해할 수 있다.

우리가 주목해야 하는 부분은 극단적인 심리다. 극단적 도취는 대개 나쁜 신호다. 강세장 정점에서 빠짐없이 나타난다. 반면에 극단적 비관은 약세장 바닥에서 나타나는 특성이다. 둘의 중간 심리가 정상이며, 강세장에서는 단기간에 심리가 큰 폭으로 변동할 수 있다.

## 뉴스를 해석하는 법

뉴스는 훌륭한 정보의 원천이 될 수 있다. 해석하는 방법을 안다면 말이다. 그러려면 먼저 미디어 산업의 속성을 이해해야 한다.

대부분 미디어 집단은 영리 기업이다. 매일 신문을 배달하는 차량에 적십자 마크가 그려져 있던가? 이들은 자선사업으로 신문을 제공하는 것이 아니다. 돈을 벌려고 하는 사업이다. 실제로 돈을 벌지 못하면 문을 닫아야 한다. 그리고 이들이 돈을 벌려고 노력하는 데에는 아무런 잘못이 없다! 이익을 추구하는 것은 바르고도 훌륭한 행위다. 이 과정에서 기업들은 주주들에게 가치를 창출하고, 일자리를 만들며, 월급을 주고, 복리후생도 제공한다. 모두 사람들이 원하는 것들이다.

기업을 유지하려고 주요 미디어는 구독료를 받으며, 극소수이지만 인터넷 구독료로 수익을 내는 기업도 있다. 그러나 이들의 주요 소득원은 예나 지금이나, 그리고 미래에도 광고가 될 것이다.

광고 수익을 늘리려면 독자들의 시선을 사로잡아야 한다. 더 많은 시선을 사로잡을수록 광고주들은 더 많은 광고비를 기꺼이 지불한다.

"폭력적인 뉴스가 이목을 끈다"라는 말을 들어보았을 것이다. 이 말은 사실이다. 한 소녀가 윤리적인 에세이를 써서 장학금 1,000달러를 받았다는 훈훈한 이야기를 뉴스 첫머리에 내보내면 아무도 안 본다는 사실을 뉴스 제작자들은 잘 안다. 그래서 이들은 화재, 소동, 강도, 살인, 음모를 먼저 내보낸다.

이런 현상은 우연이 아니다. 1장에서도 논의했듯이, 인류는 위험에 지극히 민감하게 반응하도록 진화했기 때문이다(맹수의 공격, 아사, 동사 등 위험을 잘 피하려는 목적이다).

이러한 진화적 반응이 우리 뇌리에 박혀 있으므로, 흔히 단기적으로 손실 위험이 보이면 사람들은 일단 피하고 본다. 더 좋은 수익 기회를 상실하여 장기적으로 손실을 보게 되더라도 말이다(이른바 근시안적 손실 회피).

바로 이런 이유 때문에 나쁜 소식이 잘 팔린다. 본능적으로도 이해가 될 것이다. 뉴스에서 부정적 내용을 다룬다면, 이는 단지 시선을 사로잡으려는 사업적 판단일 뿐이다. 이런 판단에는 아무 잘못이 없다! 사람들이 좋아하는 신문은 수익성이 높다. 수익성이 높다는 의미는 인간이 본능적으로 가장 흥미를 느끼는 기사를 잘 뽑아낸다는 뜻이다.

달리 표현하면 긍정적인 뉴스에 초점을 맞추면 수익성이 나빠진다. 따라서 "내가 듣고 보는 것은 온통 나쁜 소식뿐이야!"

라는 생각이 든다면 십중팔구 옳은 말이다! 그러나 실제로 세상에서 온통 나쁜 일만 벌어지는 것은 아니다. 단지 미디어가 이익을 극대화하려고 그렇게 보도할 뿐이다.

## 미디어 해석의 기본 원칙

미디어의 생리를 알면 뉴스를 더 잘 해석해서 유리하게 이용할 수 있다. 다음 몇 가지 기본 원칙을 따르면 된다.

1. 미디어는 뉴스를 보도한다. 이는 이미 발생한 사건을 보도한다는 뜻이다. 그러나 주식은 미래를 내다본다!

미디어가 어떤 사건을 보도했다면, 그 사건에 대응해서 거래할 시점은 이미 지나갔다고 보아야 한다.

2. 주식은 널리 알려진 정보를 모두 반영한다.

이는 주식시장이 단기적으로 항상 정확하다는 뜻이 아니다. 실제로는 정확하지 않다. 사람들이 항상 정확한 것이 아니기 때문이다. 주식시장은 많은 사람이 받아들이는 견해를 반영할 뿐이다.

3. 따라서 시장의 방향을 예측하려면 상대적 기대감을 측정해야
한다.

12~24개월 후 주가를 예측할 때에는 현실보다도 사람들의
기대감이 더 중요하다. 대부분 사람이 무엇을 기대하는지 파악
한 다음, 그것이 실현될 확률을 당신이 합리적으로 계산해보라.
바로 이 현실과 기대감의 차이가 주가를 움직인다.


## 4. 역발상 투자는 삼가라.

역발상 투자에 구미가 당길지 모르나 군중을 따라가는 투자
와 마찬가지로 도움이 되지 않을 것이다. 미디어가 말하는 반대
방향으로 간다고 해서 성공하는 것은 아니다. 미디어가 제시하
는 방향이 맞을 수도 있다(예상하는 영향이 과장되거나 축소될 수도 있
지만). 미디어의 설명을 그대로 받아들여서는 안 된다는 것을 명
심하기 바란다.


## 5. 필자의 견해는 무시하고, 데이터만 적절한 맥락에서 파악하라.

무미건조하게 6하 원칙(언제, 어디서, 누가, 무엇을, 어떻게, 왜)만 따
르는 기사는 사람들의 시선을 끌지 못한다. 기자들은 이 사실을
잘 안다. 그래서 짜릿한 이야기를 가미해서 오락성을 높인다.
그러나 이 과정에서 현실이 모호해질 수 있다. 아니면 흥미로우

나 통계적 유의성은 없는 일화를 사용할 수도 있다. 다 좋다! 온통 따분한 이야기라면 사람들이 아예 읽지 않을 테니까. 그러나 시장에 미치는 영향을 측정할 때에는 이런 오락 요소가 무용지물이다. 머릿속으로 형용사와 부사들은 지우고, 핵심과 무관한 일화는 무시하면서 사실만을 가려내라. 그러고 나서 사실들을 전체 맥락에서 파악하라. 숫자도 적당히 가감하라. "세계에 미치는 영향은 어느 정도인가?"라고 물어라.

### 6. 정치적 견해에 얽매이지 마라.

이념이 뚜렷한 사람이 많다. 그것은 아무래도 좋다! 그러나 이념은 눈을 멀게 하는 편견의 하나다. 다음과 같이 생각해서는 안 된다. "나는 이런 사람들 의견에 늘 동의해. 이들은 결코 틀리는 법이 없거든." 다양한 견해를 읽어야 하며, 어느 쪽이든 똑같이 의심해보아야 한다.

위 기본 원칙을 따르면 미디어를 더 잘 활용할 수 있다. 미디어를 무시하지 말고, 잘 이용해야 한다.

THE LITTLE BOOK

OF

MARKET
MYTH$

17장

지나치게 좋아서
믿기 어려울 정도?

M A R K E T    M Y T H S

$$\$\$\$$$

# "이 상품에 들어가야 해! 기막히게 좋은 투자라서
믿어지지 않을 정도야!"

경고: 지나치게 좋아서 믿기 어려울 정도라면, 거의 모두 거짓이다.

2009년 저서 『금융사기*How to Smell a Rat*』에서 나는 금융사기의 징후 다섯 가지를 제시했다. 당시는 수십 년 동안 이어진 수십억 달러 규모의 버나드 매도프Bernard Madoff 피라미드 사기가 드러난 시점이었다. 쉽게 감지하고 피할 수 있었던 사기여서 더 비극적이다. 어떻게 감지할 수 있었을까? 자산 운용사가 수탁자를 겸했기 때문이다. 이것이 사기 가능성을 알려주는 첫 번째 징후다.

무슨 뜻인가? 매도프가 고객의 포트폴리오 운용을 책임지고 있었다. 그리고 고객들은 '매도프 인베스트먼트 시큐리티Madoff Investment Securities'에 돈을 맡겼다. 한마디로 고양이에게 생선가게를 맡긴 격이다.

1960년 매도프가 설립한 증권회사는 당시나 지금이나 합법적인 증권회사다. 뉴욕 증권거래소와 나스닥 거래소 양쪽에서 미국의 대형 시장 조성자로 계속 활동한 회사다. 증권회사 그 자체에는 아무 문제가 없었다. 문제는 매도프가 증권회사와 헤지펀드를 둘 다 관리했다는 사실이다. 매도프가 수탁과 자산운용을 둘 다 통제했으므로, 입출금 내역서를 조작해서 돈을 빼돌리는 일은 아무것도 아니었다. 그것도 오랫동안!

이것이 모든 금융 피라미드에서 나타나는 기본 구조다. 운용자가 수탁자를 겸하거나, 운용자가 수탁자에게 모종의 영향력을 행사하는 구조다. 그러나 버나드 매도프와 앨런 스탠퍼드Allen Stanford 피라미드 사기에 대해 수많은 보도가 쏟아져 나왔는데도, 이 핵심 요소에 주목한 보도를 나는 한 건도 보지 못했다.

# 운용과 수탁의 분리

만일 운용과 수탁을 분리하여, 투자 자금을 유명한 대형 수탁회사에 본인 명의 계좌로 입금한다면 금융사기는 거의 불가능하다.

물론 운용자와 수탁자가 같다고 해서 모두 사기는 아니다. 나는 직원들의(또는 나의) 사기로부터 고객을 보호하려고 내 회사에서 두 기능을 분리해놓았다(매도프가 처음부터 사기 칠 의도는 아니었다는 보고서도 있다. 그러나 정상적인 시장 하락으로 수익률이 내려가자, 계좌 명세서를 조작하기 시작했다. 이렇게 이기적인 사람은 남의 돈을 관리해서는 안 된다). 금융사기의 가능성을 보여주는 징후는 다음과 같다.

1. 운용자가 수탁자도 겸한다.
2. 수익률이 계속 높다! 지나치게 높아서 믿기 어려울 정도다.
3. 투자 전략이 불분명하거나, 화려하거나, '지나치게 복잡해서' 설명을 들어도 쉽게 이해되지 않는다.
4. 당신에게만 투자 기회를 준다는 식으로 운용자가 실적과 상관없는 혜택을 강조한다.
5. 자신이 직접 운용자의 신뢰성을 조사해보지 않고 지인의 말만 믿는다.

어느 회사를 이용하든 그 회사의 신뢰성은 자신이 직접 확인해야 한다. 위 징후 중 하나라도 있으면 더 깊이 조사할 필요가 있다. 징후가 둘 이상이라면 극도로 경계해야 한다. 섣불리 믿었다가 낭패를 당하는 것보다는 의심해서 사고를 방지하는 편이 낫다. '지나치게 좋은' 수익률을 섣불리 믿으면 큰 피해를 볼 수 있다.

## 높고 안정적인 수익 …
## 그리고 사기

사기에는 크게 두 가지 유형이 있다. 하나는 놀라울 정도로 안정적인 수익률이다. 매도프가 사용한 수법이다. 매년 그가 고객들에게 보고한 수익률은 약 10~12%였다. 시장이 폭등했을 때에는? 그의 실적은 10~12%였다. 시장이 폭락했을 때에는? 여전히 약 10~12%였다. 월별 수익률을 비교해도 변함이 없었다.[1] 월별로도 연도별로도 크게 오르내린 적이 없었다. 이렇게 꿈같던 실적은 결국 악몽으로 드러났다. 지나치게 좋아서 믿기 어려운 실적은 대개 그렇다.

안정성은 마약과 같다. 우리가 조상으로부터 물려받은 두뇌는 안정성에 쉽게 매료되므로, 까다로운 질문을 던지는 일이 없다. 사기꾼들은 까다로운 질문이라면 질색한다. 그러나 이런 안정성은 즉시 적신호로 간주해야 한다.

왜 연 10% 수익률을 경계해야 하는가? 주식의 장기 수익률이 10%가 아니었던가? 그것은 평균 수익률이 10%였다는 말이지, 연도별 수익률은 변동이 매우 컸다. 실제로 연 수익률이 약 10%였던 해는 매우 드물다. 7장 표 7.1에서 보듯이, 10%보다 높거나 낮은 해가 훨씬 많았다. 주식의 수익률은 당연히 변동성이 크다는 사실을 뇌리에 새겨두었더라면, 메도프의 사기를 포함해서 그동안 발생했던 수많은 피라미드 사기에 말려들지 않았을 것이다. 그토록 안정적인 수익률은 비현실적이다. 이는 뭔가 심각한 문제가 있다는 명백한 신호다.

수익률이 낮아도 좋다면 안정성을 유지하기는 어렵지 않다. 예컨대 주식의 비중을 낮춰서 단기 변동성을 줄이면, 연간 수익률의 변동성도 낮출 수 있다. 그러나 이렇게 해서 얻는 수익률은 주식의 장기 평균 수익률보다 훨씬 낮아질 수밖에 없다. 게다가 채권 비중이 큰 포트폴리오조차 해에 따라서는 손실이 발생한다. 손실 나는 해가 없게 하려면 현금이나 현금성 자산의 비중이 매우 커야 한다. 하지만 이때에도 인플레이션을 고려하면 손실이 발생할 수 있다.

수익률이 주식의 장기 수익률과 비슷한 포트폴리오는 변동성도 주식과 비슷하다. 변동성을 더 줄일 방법은 없다. 누군가 수익률은 주식의 장기 평균과 같으면서 변동성은 극히 작은 상품을 사라고 권유한다면 극도로 경계해야 한다. 바로 자리를 뜨는 편이 낫다.

## 엄청나게 높은 수익률도 사기

두 번째로 흔한 사기 수법은 엄청나게 높은 수익률을 약속하는 방식이다. 앞에서 다룬 안정성에 호소하는 수법은 변동성을 싫어하는 우리의 본성을 이용하는 것이고, 엄청나게 높은 수익률을 제시하는 수법은 우리의 탐욕을 자극하는 방식이다. 아주 단순하다.

앨런 스탠퍼드는 탐욕을 이용했다. 안티과Antigua에 본점을 둔 그의 은행은 최고 16%나 되는 초고금리로 CD 80억 달러를 판매했다. 다른 은행들이 제시하는 CD 금리는 그 절반에 불과했다.[3] 과거에 다른 사기꾼들도 똑같은 수법을 썼다. 주식도 아닌 단기 금융 상품을 팔면서, 주식처럼 높은 수익을 보장했다. 예컨대 3개월 만에 원금을 두 배로 불려주겠다는 식이었다!

적신호는 곳곳에서 나타난다. 원래 원리금을 완벽하게 보장해줄 수 있는 사람은 아무도 없다. 물론 국채에 대해서는 미국 정부가 신뢰와 신용을 모두 걸고 원리금 상환을 보장한다. 즉, 국채를 만기까지 보유하면 원리금을 지급한다고 미국 정부가 약속한다. 그러나 만기 이전에 국채를 팔 때에는 손실이 발생할 수도 있다(1장 참조). 미국 정부를 제외하면 누구든 원리금을 보장하는 사람은 사기꾼으로 간주해야 한다.

보험회사가 계약서로 보장한 연금도, 보험사가 파산하면 받지 못한다(연금이 장기 성장형 상품으로 적합하지 않다는 점에 대해서는 나의 2009년 저서 『켄 피셔, 투자의 재구성』 15장과 16장을 참조하라).

사기에는 주식, 채권, CD 등 일반적인 투자 상품만 동원되는 것이 아니다. 투자에 대해 보장할 수 있는 사람은 아무도 없다. 나 역시 아무것도 보장할 수 없다. 그러나 누군가 다가와서 엄청난 수익률을 제시하면서 놓치면 안 되는 상품이라고 권유한다면, 이는 사기라고 거의 보장할 수 있다.


## 사기의 온갖 유형

대부분 독자는 '나이지리아 사기(419사기)'에 대해 들어보았을 것이다. 서툰 문장으로 쫓겨난 왕족임을 자처하면서, 전쟁 중인 어느 나라에서 2,500만 달러를 찾도록 도와달라고 이메일을 보내는 사기를 말한다. 여러 가지 변종이 있지만 분명히 알아두기 바란다. 소액을 송금해주면 거액을 찾아 나눠주겠다는 제안은 사기다.

이라크 디나르 사기처럼 감지하기가 다소 어려운 사기도 있다. 여기서는 누군가 이메일이나 인터넷 광고를 통해서 이라크 디나르를 사라고 권유한다. 디나르 강세로 막대한 수익이 나온다고 약속한다. 이라크에서 합법적으로 사업하는 사람은 적법한 환전소를 이용할 수 있다. 그러나 대부분 인터넷 디나르 환전소는 완전히 사기다. 그리고 환율을 이용한 차익거래로 막대한 수익을 약속하는 사람은 십중팔구 사기꾼이다.

최근 유행하는 사기 또 하나가 '임대차 계약 조건부 매각 leaseback' 사기다. 당신이 ATM을 사면, 사기꾼이 이를 관리해서 매달 일정 소득을 확실하게 지급한다고 약속한다. 당신은 원하면 합법적으로 ATM을 사서 관리할 수 있다. 그런데 ATM의 실제 가격은 2,000~5,000달러지만, 사기꾼은 1만 2,000달러 이상이 필요하다고 말한다. 그리고 사기꾼은 현실적으로 불가능한 금액을 매달 지급하겠다고 보장한다. FBI 사기 섹션을 보면 최근 유행하는 사기들이 나온다(www.fbi.gov/scams-safety/fraud).

사기꾼은 처음 한동안은 약속한 돈을 보내주면서 피해자들의 신뢰를 얻기도 한다. 그러나 이 돈은 실제 투자 수익이 아니라, 대개 새로 가입하는 피해자들의 돈이다. 전형적인 피라미드 기법이다. 이들이 처음에 피해자들에게 돈을 주어 신뢰를 얻는 것은 다른 피해자들을 추가로 끌어들이려는 목적이다. 흔히 피해자를 이용해서 그 주변 사람들에게 접근한다. 피해자의 친구, 동료, 교회 사람들은 사기꾼은 전혀 모르지만, 피해자는 알기 때문에 신뢰한다. 사기꾼은 몇 번 지급한 돈으로 피해자의 신뢰를 얻은 다음, 이 신뢰를 이용해서 주변 사람들을 끌어들인다. 더러운 게임이다.

　　위 이야기가 주는 교훈은 '지나치게 좋아서 믿기 어려울 정도라면 십중팔구 거짓'이라는 것이다. 이는 미신이 아니다.

M A R K E T   M Y T H S

막강한 위세를 떨치는 '리틀북 시리즈The Little Book Series'에 내 견해를 올리게 되어 영광이다. 미신 타파는 나의 취미이자 업무다. 나는 미신 타파야말로 실수율을 대폭 낮추어 투자 실적을 개선하는 가장 쉬운 방법이라고 생각한다. 그러나 자신이 믿는 바를 의심해보아야 한다고 생각하는 사람은 아직 너무도 적다. 따라서 이 책을 통해서 나는 미신을 타파하는 전쟁을 이어나가게 되었다.

내가 이전에 출간한 여섯 권은 물론 이 책에도 크게 공헌해준 라라 호프만스에게 늘 그랬듯이 또 감사한다. 나는 개념화, 디자인, 편집 등 재미있는 부분을 맡았지만, 그녀는 이 책을 차질 없이 출간하느라 고역을 치렀다.

라라가 다른 책들을 만드는 업무에 집중하는 동안 매우 재능 있는 작가들이 라라를 지원해주었다. 토드 블리먼Todd Bliman(작가팀장), 엘리자베스 델린저Elisabeth Dellinger, 나즈 스리니바스Naj Srinivas, 아만다 윌리엄스Amanda Williams가 그들이다. 이들이 훌륭하게 도와준 덕분에 라라가 소임을 다할 수 있었다. 아만다는 이번에도 본문 편집과 교열이라는 두 가지 업무를 맡아주었다. 나머지 팀원 메리 홀드너Mary Holdener, 에밀리 휘트니Emily Whitney, 제이크 갬블Jake Gamble은 이들을 지원하면서 편집 업무를 수행해주었다.

이번에도 제시카 울프Jessica Wolfe와 대니얼 린치Danielle Lynch가 모든 데이터와 그래프를 제공했고, 우리 리서치 분석팀을 이끄는 매트 슈레이더Matt Schrader가 감수해주었다. 시장의 미신을 사실과 펀더멘털로 뒤집는 책에서는 데이터의 정확성이 필수다. 제시카와 대니얼은 전문적이면서도 품위 있게 데이터를 다루어주었다.

나의 PR, 웹 마케팅, 브랜드 관리를 지원하는 전문가팀 데이브 에컬리Dave Eckerly, 패브 오너니Fab Ornani, 몰리 리네쉬Molly Lienesch는 이 책을 널리 소개해주었다.

앤드루 토이플Andrew Teufel(부사장), 제프 실크Jeff Silk(부사장), 에런 앤더슨Aaron Anderson, 윌리엄 글레이저William Glaser는 나와 함께 고객

포트폴리오 관련 의사결정을 담당하고 있다. 이들은 이 책 출간에 직접 참여하지는 않았지만, 나의 시장 관점 형성에는 확실히 도움을 주었다. 스티브 트리플렛Steve Triplett과 데이미언 오너니Damian Ornani는 일상적인 회사 운영 업무를 맡고 있다. 이들 여섯 신사가 힘을 모아 도와주지 않았다면, 이 책이 출간될 수 없었을 것이다. 그리고 우리 회사의 실적이 신통치 않다면, 내 책에 아무도 관심을 보이지 않을 것이다.

존 와일리 앤드 선스John Wiley & Sons의 탁월한 팀에도 감사한다. 나는 상대하기 쉬운 사람이 아닌데도, 이들은 나를 대할 때 항상 품위를 유지한다. 인내심 강한 편집자 로라 월시Laura Walsh에게 감사하며, 나머지 팀원 주디 하워스Judy Howarth, 샤론 폴리세Sharon Polese, 낸시 로스차일드Nancy Rothschild, 조셀린 코르도바-바그너Jocelyn Cordova-Wagner, 튤라 바탄키예프Tula Batanchiev에게도 감사한다. 나를 존 와일리 앤드 선스와 연결해준 탁월한 에이전트 제프 허먼Jeff Herman에게도 감사한다.

끝으로, 42년을 함께한 소중한 아내 셰릴린Sherrilyn의 내조와 인내에 끝없는 감사를 보낸다.

켄 피셔

캘리포니아주 우드사이드Woodside

# 2021년, 켄 피셔의 이야기는
# 아직 유효한가?

김동주(김단테)
이루다투자일임 대표, 『절대수익 투자법칙』 저자

이 책의 데이터는 2012년까지만 제공되고 있기에 한국어판
이 다시 출간된 2021년의 시점에서는 다소 부족한 부분들이 있
다. 2012년부터 8년간 다양한 이벤트가 일어나지 않았는가? 특
히 2020년이 가장 독특한 증권시장이었다. 2020년 초에는 코로
나 19의 확산으로 인해 전 세계 주식시장이 큰 폭으로 하락했다
가 연방준비제도를 앞세운 강력한 유동성 주입에 힘입어 다시
반등해서 고점을 돌파했다. 10년간 일어났던 수많은 사건들 그
리고 이 책에서 언급한 미신들이 여전히 유효한지에 대해 간접
적으로나마 켄 피셔의 생각을 들어볼 수 있다면 이 책의 완성
도에 도움이 될 것이라 생각했다.

켄 피셔는 오늘날까지도 그의 회사 피셔 인베스트먼트Fisher Investment 의 다양한 채널을 통해 현재 자신의 생각을 분명하게 전달하고 있다. 이 책에 나온 내용들과도 이어지는 내용들이 있어 그 부분들도 함께 얘기하면 더욱 의미가 있다고 생각한다. 그가 얘기한 내용을 바탕으로 추가되었지만, 나는 켄 피셔가 아니기에 그의 생각과는 분명히 차이가 있을 것이다. 하지만 그의 생각을 최대한 반영하기 위해 노력했다.

2021년 이 책을 읽는 독자들에게 조금이나마 도움이 되고자 켄 피셔의 생각들을 아래에 정리해봤다.

## 코로나 바이러스와 켄 피셔의 V자 반등 예측 (10장)

2020년 2월 중국에서 시작된 코로나 바이러스는 유례없는 전염성을 보이며 전 세계로 퍼져나갔다. 처음에는 다들 대수롭지 않게 생각했으나 바이러스가 전 세계에 유행하기 시작하며 실물경제도 타격을 받게 되었다. 전염 속도를 늦추기 위해 사회적 거리두기가 시작되었으며 많은 가게들이 문을 닫았다. 실물경제가 타격을 받자 그 충격은 주식시장으로 고스란히 전달되

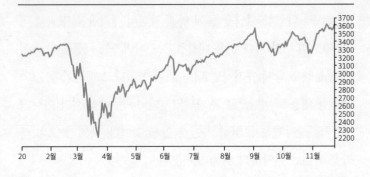

**[그림 1] S&P 500 지수 2020년**

었다. 2월말에 조금씩 증시가 흔들리더니 3월이 되자 유래 없는 속도로 떨어졌다. 2020년 3월 미국 증시는 서킷브레이커가 무려 4번이나 발동될 정도로 패닉에 빠졌다. 레버리지를 지나치게 사용해 마진 콜을 당하거나 시장에서 나가떨어지는 기관, 개인들이 속출하던 유래 없는 시기였다.

당시에 켄 피셔는 자신의 유튜브 채널을 통해 주식시장이 V자 반등할 가능성이 높을 거라는 예측을 조심스럽게 했다. 이 예측이 흥미로웠던 것은 당시에 월가에서도 V자 반등을 논하는 사람이 그리 많지 않았기 때문이다. 대표적으로 전 세계에서 가장 많은 자금을 운용하는 헤지펀드 브리지워터의 회장인 레이 달리오<sub>Ray Dalio</sub>는 2020년 4월 인터뷰에서 공황이 시작되었으며 실물경제에 역대급 충격을 줄 거고 이런 충격에서 당분간

헤어나오기 힘들 거라고 예측했다. 레이 달리오를 비롯해서 많은 시장 참여자들은 패닉에 빠져 있었는데, 이때 켄 피셔는 반대 방향의 예측을 했다.

2020년 3월 19일 전 세계 주식시장이 패닉에 빠진 한가운데에서 그는 유튜브 채널을 통해 시장에 대한 다소 도발적인 예측을 했다. 아래에 있는 그림 2를 보자. 1928년 이후 발생했던 하락장Bear Market과 조정장Correction에서 주가가 어떻게 변했는지 정리되어 있다. 켄 피셔는 이번 코로나 하락장의 절정에서 이 자료를 만들었다. 그는 2020년 코로나 하락장의 하락의 형태가 하락장보다는 조정장과 유사하다는 결론을 냈다. 왜냐하면 일반적인 하락장은 이런 모양으로 급락이 발생하지 않기 때문이다.

[그림 2] **하락장, 조정장에서 미국 주가 흐름 변화의 중간값**

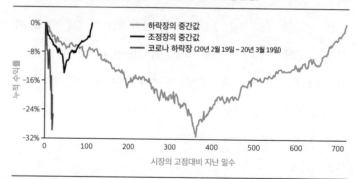

자료: FactSet, 1928년 5월 14일 ~ 2020년 3월 17일 미국의 S&P 500 주가 지수(출처: https://www.youtube.com/watch?v=u8pGxvuskR0)

전형적인 하락장에서는 시장이 모멘텀을 잃고 힘을 잃는 전조 증상이 선행되어야 한다. 하지만 이번 코로나 하락장은 그런 전조증상이 선행되지 않았다. 시장의 폭락은 역대 최고점을 갱신하는 상승장의 절정에서 시작되었다. 이런 경우 과거의 사례를 봤을 때 건전한 조정으로 끝나는 경우가 더 많으니 이번 코로나 하락장도 확률적으로 V자 반등을 할 가능성이 높다는 의견을 보였다.

물론 그가 예측하면서 100% 그렇게 될 것이라고 얘기한 건 아니지만, 여러 시나리오 중에 V자 반등 가능성이 가장 높다고 얘기한 것은 사실이다. V자 반등이라는 의견에 더해 강세장은 여전히 이어지는 중이기 때문에, 이번 강세장에서 가장 인기가 있었던 테크 섹터가 다른 섹터에 비해 성과가 좋을 것이라는 예상도 더했다.

이 원고를 쓰고 있는 2021년 1월 그가 얘기한 것은 정말 귀신같이 들어맞았다. 당시에 미국이나 한국에서 찾아보기 힘든 의견이었기 때문에 그의 의견은 전문가든 일반인이든 할 거 없이 많은 무시를 당했던 기억이 난다. 그가 말했듯 시장은 '모욕의 대가'임을 잊지 말아야 할 것이다.

# 더 떨어진
# 미국의 금리 (3장)

이 책이 나왔던 2012년, 10년 만기 국채 수익률은 2%였다.
역사적으로도 거의 최저점에 가까운 수치였고, 당시 많은 시장
참여자들은 금리가 오를 것이라 예상하고 있었다. 처음에는 시
장 참여자의 생각대로 흘러가는 듯했다. 2010년대 초반에는 경
기 회복이 더뎌 양적 완화를 계속하는 등 완화적인 정책이 펼
쳐졌다. 시간이 흐르며 2015년부터는 어느 정도 경기가 회복되
는 모습을 보였고, 연준에서는 기준금리 인상을 단행했다. 금
리를 올린 부작용으로 2018년에 시장이 작은 발작을 보이자
2019년에 다시 금리를 인하했다. 그러다가 우리가 다 아는 바로
그 2020년의 코로나 대하락장이 시작되며 기준금리는 다시 바
닥에 붙게 되었다. 그 결과 10년 만기 국채 수익률도 2021년 1월
기준 1.087%까지 떨어지게 되었다(그림 3 참조). 당시 시장의 예
상을 또 모욕하듯 금리는 더욱 하락했다.

　지나고 나면 모든 것이 쉬워 보인다. 후견편향hindsight bias이라
는 말도 있지 않은가? 금리가 낮아진 결과를 이미 보고 나서 우
리 머릿속에서는 과거의 일에 대해 그것이 당연하다고 합리화
화고 있을지도 모른다. 하지만 아래 조사를 한번 참고해보자.

[그림 3] 미국 10년 만기 국채 수익률

출처: https://www.tradingview.com/chart/y1igXKsl/

그림 4는 필라델피아 연준에서 했던 10년 만기 미국채 금리의 예측치 설문조사 결과다. 이 설문조사는 일반인들을 대상으로 한 것이 아니라 J. P. 모건, 골드만삭스 등 세계적으로 명성이 높은 투자은행의 애널리스트나 혹은 미국 명문 대학교 박사, 대학 교수들이 참여했다. 필라델피아 연준을 포함한 누구나 경제 전문가라고 인정할 만한 사람들이 이 설문조사에 참여했다. 그 결과는 그림 4와 같다.

검은 선이 10년 만기 미국채 금리다. 검은 선을 중심으로 얇은 선들이 전문가들이 예측한 금리의 평균이다. 전문가들은 대부분 10년 만기의 금리가 향후 2년간 상승할 것이라 생각을 했으나 그런 일은 일어나지 않았다. 켄 피셔는 당시의 통념과는

**[그림 4] 2000~2020년 10년 만기 미국채 금리의 예상치**

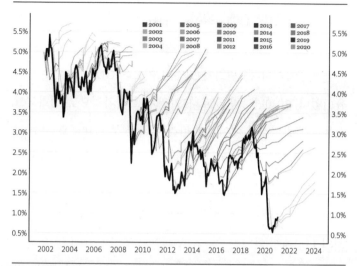

자료: 필라델피아 연준(출처: https://twitter.com/LizAnnSonders/status/1336644821746900992/photo/1)

다르게 금리의 방향성에 대해서는 다양한 가능성을 열어두었다. 그는 "계속 옆으로 기어갈 수도 있다. 아니면 조금 더 내려갈 수도 있다"고 언급했는데, 그가 얘기한 대로 금리는 더욱 내려갔다.

# 더욱 늘어난
# 미국의 GDP 대비 부채 (13장)

금리만큼이나 큰 변화가 있었던 지표는 GDP 대비 부채 비율이었다. 2020년 3월 코로나19 위기가 점차적으로 심화되고 실물경제에 타격이 이어짐에 따라 미국 정부는 대규모 재정 정책을 하지 않을 수 없었다. 코로나19가 이어지며 재정 정책은 더 높은 비중으로 올라갔다. GDP 대비 비율로만 봤을 때는 제2차 세계대전과 비슷한 수준으로 올라왔다. 그림 5는 켄 피셔가 책의 13장에서 언급한 순공공 부채와는 조금 다른 공공 부채Total Public Debt라 다소 성격이 다른 지표지만, 2020년 말까지의 전체적인 부채의 추세를 확인하기에는 무리가 없으므로 부채가 어떤 추세로 증가되었는지 충분히 참고해볼 만하다.

[그림 5] 미국의 GDP 대비 부채 비율

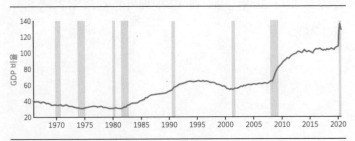

출처: https://fred.stlouisfed.org/series/GFDEGDQ188S

출처: https://fred.stlouisfed.org/series/FYOIGDA188S

켄 피셔는 이 부분은 큰 이슈라고 생각하지 않을 듯하다. 여전히 미국의 부채는 높은 수준이지만 13장에서 영국의 GDP 대비 부채 비율을 보면 200%를 넘은 적도 있었고 심지어 100%를 넘는 상황에서 1세기 동안 초강대국으로 살아남을 수 있었다. 그는 조달 비용이 중요하다고 강조한다. 코로나19 이후 금리가 역대급으로 낮아지면서 2021년 1월 기준으로 조달 비용 역시 매우 낮은 상황이다. 이 책이 나온 지 8년이 지나 미국의 상황은 2012년보다 더욱 악화가 됐지만 켄 피셔의 생각은 다를 것 같지 않다. 코로나19 이후인 2020년 10월 그의 홈페이지에 올라온 미국 부채에 대한 글에 따르면, 그는 여전히 미국이 이러한 부채를 감당하는 데 큰 무리가 없다고 보고 있다. (출처: https://www.fisherinvestments.com/en-us/insights/articles/commentary/brief-history-of-US-debt-infographic)

## 2021년 이후 전망 –
## 새로운 정권의 시작

켄 피셔는 주가지수의 수익률과 집권당이 큰 연관이 있음을 발견했다. 하지만 그 움직임은 우리의 상식과는 달랐다. 많은 사람들은 공화당은 친기업, 친시장적인 성향이 있다고 생각하고, 민주당은 반대로 반기업적인 성향이 강하다고 생각한다. 그러한 기대감이 주식시장에 반영되는데 현명한 투자자라면 이러한 특징을 잘 이용할 수 있을 것이다.

2021년 새로운 민주당 대통령의 취임 첫해가 시작된다. 대중들은 민주당 대통령은 반기업적, 반시장적이니 주식시장에 부정적인 영향을 미칠 거라고 예상한다. 그런 부정적인 부분들은 이미 선거가 끝날 즈음 모두 반영된다.

취임 첫해 새로운 대통령에 의해 많은 것들이 바뀔 거라고 생각했지만, 미국이라는 국가는 대통령 한 명, 또는 집권당이 바뀐다고 해도 많은 것이 바뀌기에는 어려운 시스템을 가지고 있다. 취임 첫해가 마무리될 즈음 대중들은 새로운 대통령이 시행할 거라 생각했던 정책들을 완벽하게 할 수 없다는 것을 깨닫기 시작한다. 생각보다 대통령이 주식시장에 미치는 영향이 부정적이지 않은 것을 깨달아가면서 주식시장에는 긍정적인

[그림 7] 기대에 어긋나는 주식시장

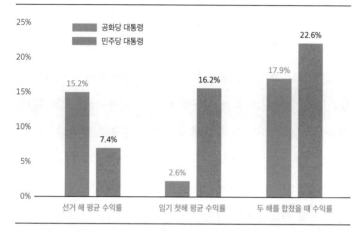

자료: 글로벌 파이낸셜 데이터Global Financial Data, Inc., 2020년 9월 24일 기준, S&P500 투자총수익 지수(S&P Total Return Index), 1923. 12. 31~2017. 12. 29(출처: https://www.youtube.com/watch?v=p7YECnIlngk)

효과가 나타난다.

　과거에도 이러한 성향은 크게 다르지 않았다. 주식시장은 제 2차 세계대전 이후 민주당 대통령의 새로운 임기가 시작되는 해에는 대부분 주식시장이 두 자리수의 상승을 보여왔다(1977년 지미 카터가 대통령이 되었던 첫해가 유일한 예외다). 아마 그러한 상황이 이번 바이든 정권에서도 나타날 것이라 예상하고 있다. 주식시장에 긍정적인 요소가 하나 추가됐다고 보면 된다.

## 교착 상태gridlock의 정치

대선은 민주당이 이겼지만, 상원, 하원을 모두 민주당이 압승했다고 보기에는 힘들다. 하원의 경우 과반수에 비해 5석 더 많은 222석을 현재 확보하고 있어 그 차이가 아주 크지 않다. 상원은 똑같은 의석을 확보해 부통령의 표결로 정책의 진행이 가능하지만, 앞으로 표결에 들어갈 때 민주당 상원 중 단 한 명의 부결도 없다는 전제조건이 필요하다. 이는 어느 정도 정치적으로 교착 상태가 이루어졌다는 것을 의미한다. 정치적인 교착 상태는 기업가들에게는 좋은 환경이다. 정치적인 환경이 급변하지 않기 때문에 어떤 부분들을 준비해야 하는지가 명확하기 때문이다. 이러한 교착 상태는 주식시장에 긍정적이라고 보고 있다. (출처: https://www.youtube.com/watch?v=VvQvySrl-EE)

## 코로나19 바이러스

켄 피셔는 코로나19와 함께 살아가는 상황도 가능하다고 생각하고 있다. 코로나19 바이러스가 독감과 같은 형태로 인류와 공존하는 것이다. 이런 추측을 하는 이유는 코로나19의 변이가 생각보다 심하기 때문에 기존의 백신이 작동하지 않을 가능성이 얼마든지 존재하기 때문이다. 변이가 심하면 그에 맞는 백신을 다시 개발해야 하는데 이것은 마치 인류가 독감에 대응하는 방식과 비슷하다. 다만 지금처럼 인류에게 미치는 영향이 크지는 않고, 충격이 약해진 수준에서 공생하는 상황을 충분히 예상할 수 있다. 물론 코로나19가 이번에 나오는 백신으로 완전히 종식될 가능성도 있다.

## 테크주의 미래

상승장의 막바지에서는 언제나 한 가지 종류의 주식이 상승을 견인한다. 이것은 규칙이라고 할 수 있을 정도로 시장에서 확실히 나타나는데 이번 상승장에서는 대형 성장주였다. 그런데 이번에는 좀 다르다. 왜냐하면 대형 성장주와 테크주들이 이미 시장을 이끌어온 기간이 꽤 됐기 때문이다. 이건 우리 모두가 아는 비대면 활성화 때문이다. 사람들은 코로나19가 끝나고 나도 완전히 과거로 돌아가기는 어렵다고 생각한다. 사무실 공간도 과거만큼 필요하지 않을 것이다.

하지만 코로나19로 피해를 봤던 기업들이 부분적으로 회복되기 시작할 것이다. 그 결과 이번에 소외됐던 비테크주들도 충분히 상승할 것이라 생각한다. 테크주들과의 간극이 점점 좁혀질 것으로 예상한다. 다만 지금 오르는 주식들이 앞으로도 이만큼 오를 거라고 보기는 어렵다. 테크주가 폭락한다는 의미는 아니고, 비테크주와의 간극이 줄어든다는 것이다.

2021년에는 비테크 주식이 가장 많은 상승폭이 예상되고, 역시 테크주도 그만큼은 아니지만 상승할 것으로 생각된다. 그리고 2022년에 약세장이 시작될 것이다. 다만 1년 이상의 예측을 하지 않고, 또 의미가 없다고 생각하기 때문에 2022년에 대한 예측은 바뀔 수 있다.


## 마치며


켄 피셔가 언급했던 투자의 미신들이 2020년 오늘날에도 여전히 적용되는지를 다양하게 살펴보았다. 10년이 지났음에도 불구하고 고칠 부분이 없었다. 그가 얘기했던 것들이 여전히 옳았음을 알 수 있었다. 그가 전달하는 지혜가 향후 주식시장을 헤쳐 나가는 데도 큰 도움이 될 거라 생각한다.

켄 피셔를 좋아하는 이유는 우리가 보편적으로 옳다고 생각해서 확인해보지 않는 사실들에 대해 의문을 제기하기 때문이다. 주식시장은 우리의 생각처럼 돌아가지 않는다. 어떤 현상이 시장에 무조건 반영될 것이라 생각하기보다는 과거에 비슷한 순간에 어떻게 가격이 변화했는지를 참고하고 보는 습관이 반드시 필요하다. 언제나 질문을 던지고 데이터를 통해 실제로 확인하는 절차를 가져야 한다. 그래야 험난한 투자의 세계에서 살아남을 수 있다.

## 1장 채권은 주식보다 안전하다?

1) S&P500 투자총수익 지수 중 1971년 이전 지수는 글로벌 파이낸셜 데이터가 추정한 자료로서, 공식 자료가 아님. 그러나 1971년 이후 투자총수익 지수는 공식 자료로서, 1971~1987년에 대해서는 월 단위로 지수를 발표하였고, 1988년부터는 일 단위로 지수를 발표하고 있다. 글로벌 파이낸셜 데이터는 S&P와 '카울즈 커미션Cowles Commission'으로부터 입수한 'S&P종합주가지수S&P Composite Price Index'와 배당수익률을 사용하고 있다.

2) 같은 자료.

3) 주 1) 참조.

4) 주 1) 참조.

5) 글로벌 파이낸셜 데이터 2012년 10월 7일 기준, S&P500 투자총수익 지

수, 10년 만기 국채 투자총수익 지수는 1925. 12. 31~2011. 12. 31. 주 1)
참조.

6) 같은 자료.

7) 같은 자료.

8) Jeremy Warner, "High Energy Prices Need Not Mean Doom", *Sydney Morning Herald*, January 21, 2011.

9) International Monetary Fund, World Economic Outlook Database, October 2012, from 1980~2012(estimate), chained 2005 dollars.

## 2장 자산배분의 지름길?

1) Gary P. Rbinson, L. Randolph Hood and Gilbert L. Beebower, "Determinants of Portfolio Performance," *Financial Analysts Journal*, July/August 1986.

2) 글로벌 파이낸셜 데이터 2012년 5월 22일 기준. 소비자물가지수는 1925. 12. 31~2011. 12. 31. 상승률을 연 단위로 환산.

## 4장 과거 어느 때보다도 커진 변동성?

1) 글로벌 파이낸셜 데이터 2012년 9월 20일 기준. S&P500 투자총수익 지수는 2007. 12. 31~2008. 12. 31, 2008. 12. 31~2009. 12. 31.

2) 글로벌 파이낸셜 데이터 2012년 9월 20일 기준, S&P500 투자총수익 지수는 1925. 12. 31~2011. 12. 31. S&P500 투자총수익 지수 중 1971년 이전 지수는 글로벌 파이낸셜 데이터가 추정한 자료로서, 공식 자료가 아님. 그러나 1971년 이후 투자총수익 지수는 공식 자료로서, 1971~1987년에 대해서는 월 단위로 지수를 발표하였고, 1988년부터는 일 단위로 지수를 발표하고 있다. 글로벌 파이낸셜 데이터는 S&P와

'카울즈 커미션Cowles Commission'으로부터 입수한 'S&P종합주가지수S&P Composite Price Index'와 배당수익률을 사용하고 있다.

3) S&P500 투자총수익 지수 중 1971년 이전 지수는 글로벌 파이낸셜 데이터가 추정한 자료로서, 공식 자료가 아님. 그러나 1971년 이후 투자총수익 지수는 공식 자료로서, 1971~1987년에 대해서는 월 단위로 지수를 발표하였고, 1988년부터는 일 단위로 지수를 발표하고 있다. 글로벌 파이낸셜 데이터는 S&P와 '카울즈 커미션Cowles Commission'으로부터 입수한 'S&P종합주가지수S&P Composite Price Index'와 배당수익률을 사용하고 있다.

4) 글로벌 파이낸셜 데이터 2012년 9월 20일 기준, S&P500 투자총수익 지수는 1931. 12. 31~1932. 12. 31. 주 3) 참조.

5) 글로벌 파이낸셜 데이터 2012년 9월 20일 기준, S&P500 투자총수익 지수는 1932. 12. 31~1933. 12. 31. 주 3) 참조.

6) 글로벌 파이낸셜 데이터 2012년 9월 20일 기준, S&P500 투자총수익 지수는 1997. 12. 31~1998. 12. 31.

7) 글로벌 파이낸셜 데이터 2012년 9월 20일 기준, S&P500 투자총수익 지수는 2009. 12. 31~2010. 12. 31.

8) 글로벌 파이낸셜 데이터 2012년 9월 20일 기준, S&P500 투자총수익 지수는 1979. 12. 31~1980. 12. 31. 주3) 참조.

9) 글로벌 파이낸셜 데이터 2012년 9월 20일 기준, S&P500 투자총수익 지수는 1976. 12. 31~1977

10) 글로벌 파이낸셜 데이터 2012년 9월 20일 기준, S&P500 투자총수익 지수는 1952. 12. 31~1953. 12. 31. 주3) 참조.

11) 글로벌 파이낸셜 데이터 2012년 9월 20일 기준, S&P500 투자총수익 지수는 2004. 12. 31~2005. 12. 31.

12) 글로벌 파이낸셜 데이터 2012년 9월 20일 기준, S&P500 투자총수익 지

수는 1950. 12. 31~1951. 12. 31. 주3) 참조.

13) 글로벌 파이낸셜 데이터 2012년 9월 20일 기준, S&P500 투자총수익 지
수는 1972. 12. 31~1973. 12. 31. 주3) 참조.

## 5장 투자의 이상 - 원금이 보장된 성장?

1) 글로벌 파이낸셜 데이터 2012년 5월 22일 기준, 소비자물가지수의 1925.
12. 31~2011. 12. 31. 연 증가율.

2) Bloomberg Finance, L.P., 2012. 10. 25 기준.

3) 같은 자료.

## 6장 GDP와 주가의 괴리가 폭락을 부른다?

1) 글로벌 파이낸셜 데이터 2012년 7월 10일 기준, S&P500 투자총수익 지
수의 1925. 12. 31~2011. 12. 31. 연 수익률은 9.7%. S&P500 투자총수
익 지수 중 1971년 이전 지수는 글로벌 파이낸셜 데이터가 추정한 자
료로서, 공식 자료가 아님. 그러나 1971년 이후 투자총수익 지수는 공
식 자료로서, 1971~1987년에 대해서는 월 단위로 지수를 발표하였고,
1988년부터는 일 단위로 지수를 발표하고 있다. 글로벌 파이낸셜 데이
터는 S&P와 '카울즈 커미션Cowles Commission'으로부터 입수한 'S&P종합
주가지수S&P Composite Price Index'와 배당수익률을 사용하고 있다.

2) US Bureau of Economic Analysis, 2011. 12. 31 기준.

3) S&P500 투자총수익 지수 중 1971년 이전 지수는 글로벌 파이낸셜 데
이터가 추정한 자료로서, 공식 자료가 아님. 그러나 1971년 이후 투자
총수익 지수는 공식 자료로서, 1971~1987년에 대해서는 월 단위로 지
수를 발표하였고, 1988년부터는 일 단위로 지수를 발표하고 있다. 글로

벌 파이낸셜 데이터는 S&P와 '카울즈 커미션Cowles Commission'으로부터 입수한 'S&P종합주가지수S&P Composite Price Index'와 배당수익률을 사용하고 있다.

4) 같은 자료.

## 7장 10% 수익률이 영원히?

1) S&P500 투자총수익 지수 중 1971년 이전 지수는 글로벌 파이낸셜 데이터가 추정한 자료로서, 공식 자료가 아님. 그러나 1971년 이후 투자총수익 지수는 공식 자료로서, 1971~1987년에 대해서는 월 단위로 지수를 발표하였고, 1988년부터는 일 단위로 지수를 발표하고 있다. 글로벌 파이낸셜 데이터는 S&P와 '카울즈 커미션Cowles Commission'으로부터 입수한 'S&P종합주가지수S&P Composite Price Index'와 배당수익률을 사용하고 있다.

2) Bankrate.com, 2012. 11. 12 기준.

3) Bloomberg Finance, L.P., 2012. 10. 25 기준. 글로벌 파이낸셜 데이터 2012년 5월 22일 기준, 소비자물가지수의 1925. 12. 31~2011. 12. 31. 연증가율.

4) Bank of America Merrill Lynch US Corporate AAA 7~10 Year Index as of 09/12/2012

5) Bank of America Merrill Lynch US Corporate High-Yield 7~10 Year Index as of 09/1/2012

## 9장 소형주가 항상 우월한가?

1) Ibbotsen, Ibotsen US Small Stock Total Return, S&P500 투자총수익 지수

는 1926. 2. 1~2012. 9. 30.

2) Russell 2000, Russell 2000 Value, Russell 2000 Growth, MSCI EAFE; Barclays Aggregate, S&P/Citigroup Primary Growth, S&P/Citigroup Primary Value, S&P 500 Value from 12/31/1990 to 12/31/2010. MSCI EAFE만 순수익률이고, 나머지는 모두 투자총수익임. S&P/Citigroup Primary Valu 지수는 미국 대형 가치주의 실적을 측정한다. 미국 주식 중 시가총액 기준 상위 80%를 가려낸 다음, 이 중에서 가치주를 뽑아내어 지수를 구성한다. S&P/Citigroup Primary Growth 지수는 미국 대형 성장주의 실적을 측정한다. 미국 주식 중 시가총액 기준 상위 80%를 가려낸 다음, 이 중에서 성장주를 뽑아내어 지수를 구성한다.

## 10장 확신이 설 때까지 기다려라?

1) S&P500 투자총수익 지수 중 1971년 이전 지수는 글로벌 파이낸셜 데이터가 추정한 자료로서, 공식 자료가 아님. 그러나 1971년 이후 투자총수익 지수는 공식 자료로서, 1971~1987년에 대해서는 월 단위로 지수를 발표하였고, 1988년부터는 일 단위로 지수를 발표하고 있다. 글로벌 파이낸셜 데이터는 S&P와 '카울즈 커미션Cowles Commission'으로부터 입수한 'S&P종합주가지수S&P Composite Price Index'와 배당수익률을 사용하고 있다.

2) 같은 자료.

3) 같은 자료.

4) 같은 자료.

5) 글로벌 파이낸셜 데이터 2012년 10월 25일 기준, S&P500 주가 수익률.

## 12장 실업률이 상승하면 주가가 하락한다?

1) S&P500 투자총수익 지수 중 1971년 이전 지수는 글로벌 파이낸셜 데이터가 추정한 자료로서, 공식 자료가 아님. 그러나 1971년 이후 투자총수익 지수는 공식 자료로서, 1971~1987년에 대해서는 월 단위로 지수를 발표하였고, 1988년부터는 일 단위로 지수를 발표하고 있다. 글로벌 파이낸셜 데이터는 S&P와 '카울즈 커미션Cowles Commission'으로부터 입수한 'S&P종합주가지수S&P Composite Price Index'와 배당수익률을 사용하고 있다.

2) Thomson Reuters, US Bureau of Economics Analysis, as of 05/15/2012.

3) Thomson Reuters, Personal Consumption Expenditures, as of 08/31/2012.


## 13장 미국은 부채가 과도하다?

1) AAA에서 강등된 국가와 날짜. 벨기에, 아일랜드, 핀란드, 이탈리아, 포르투갈, 스페인 1998년 5월 6일. 일본 2001년 2월 22일. 스페인 2009년 1월 19일. 아일랜드 2009년 3월 30일. 미국 2011년 8월 5일. 프랑스와 호주 2012년 1월 13일.

2) International Monetary Fund, World Economic Outlook Database, April 2012.


## 14장 달러가 강세면 주가가 상승한다?

1) International Monetary Fund, World Economic Outlook Database, April 2012.

2) 무역 가중 달러 지수는 연준에서 계산. 기준은 1975~1976=100이며, 10개국이 지수 계산에 들어감. G10 국가(벨기에, 캐나다, 프랑스, 독일, 이탈리아, 일본, 네덜란드, 스웨덴, 스위스, 영국)의 1972~1976년 세계 교역량 합계 금

액을 가중치로 사용함.

3) S&P500 투자총수익 지수 중 1971년 이전 지수는 글로벌 파이낸셜 데 이터가 추정한 자료로서, 공식 자료가 아님. 그러나 1971년 이후 투자 총수익 지수는 공식 자료로서, 1971~1987년에 대해서는 월 단위로 지 수를 발표하였고, 1988년부터는 일 단위로 지수를 발표하고 있다. 글로 벌 파이낸셜 데이터는 S&P와 '카울즈 커미션Cowles Commission'으로부터 입수한 'S&P종합주가지수S&P Composite Price Index'와 배당수익률을 사용하 고 있다.

4) 무역 가중 달러 지수는 연준에서 계산. 기준은 1975~1976=100이며, 10개국이 지수 계산에 들어감. G10 국가(벨기에, 캐나다, 프랑스, 독일, 이탈리 아, 일본, 네덜란드, 스웨덴, 스위스, 영국)의 1972~1976년 세계 교역량 합계 금 액을 가중치로 사용함.

5) 주 3) 참조.

## 15장 혼란은 주가를 떨어뜨린다?

1) Eric S. Blake, Christopher W. Landsea and Ethan J. Gibney, *The Deadliest, Costliest and Most Intense United States Tropical Cyclones from 1851 and 2010 (And Other Frequently Requested Hurricane Facts)*, NOAA Technical Memorandum NWS NHC-6, August 2011.

2) 같은 책.

3) 글로벌 파이낸셜 데이터 2012년 6월 27일 기준, S&P500 투자총수익 지수는 1926. 1. 31~2011. 12. 31. S&P500 투자총수익 지수 중 1971년 이전 지수는 글로벌 파이낸셜 데이터가 추정한 자료로서, 공식 자 료가 아님. 그러나 1971년 이후 투자총수익 지수는 공식 자료로서, 1971~1987년에 대해서는 월 단위로 지수를 발표하였고, 1988년부터

는 일 단위로 지수를 발표하고 있다. 글로벌 파이낸셜 데이터는 S&P와 '카울즈 커미션Cowles Commission'으로부터 입수한 'S&P종합주가지수S&P Composite Price Index'와 배당수익률을 사용하고 있다.

## 17장 지나치게 좋아서 믿기 어려울 정도?

1) Alex Berenson, "Even Winners May Lose With Madoff," *New York Times*, December 18, 2008.

2) 글로벌 파이낸셜 데이터 2012년 7월 10일 기준, S&P500 투자총수익 지수의 1925. 12. 31~2011. 12. 31. 연 수익률은 9.7%. S&P500 투자총수익 지수 중 1971년 이전 지수는 글로벌 파이낸셜 데이터가 추정한 자료로서, 공식 자료가 아님. 그러나 1971년 이후 투자총수익 지수는 공식 자료로서, 1971~1987년에 대해서는 월 단위로 지수를 발표하였고, 1988년부터는 일 단위로 지수를 발표하고 있다. 글로벌 파이낸셜 데이터는 S&P와 '카울즈 커미션Cowles Commission'으로부터 입수한 'S&P종합주가지수S&P Composite Price Index'와 배당수익률을 사용하고 있다.

3) *Securities and Exchange Commission v. Stanford International Bank, et. al.*, Case No. 3:09-cv-0298-N, Filed 02/29/2009.

# 주식시장의 17가지 미신

**초판 1쇄 발행** 2021년 2월 25일
**초판 2쇄 발행** 2021년 3월 15일

**지은이** 켄 피셔, 라라 호프만스
**옮긴이** 이 건
**펴낸이** 김선준, 김동환

**편집팀장** 한보라
**마케팅** 권두리, 김지윤
**디자인** 김혜림
**외주편집** 두리반

**펴낸곳** 페이지2북스 **출판등록** 2019년 4월 25일 제 2019-000129호
**주소** 서울시 영등포구 국제금융로2길 37 에스트레뉴 1304호
**전화** 070) 7730-5880 **팩스** 02) 332-5856
**이메일** page2books@naver.com
**종이** (주)월드페이퍼 **인쇄·제본** 더블비

**ISBN** 979-11-90977-17-3 (03320)